Guida ai Tipi da Spiaggia e ai Segreti del Linguaggio del Corpo

Mare, Sole e Personaggi

Alessandro Ferrari

www.afcformazione.it

CONTENUTI

INTRODUZIONE

Benvenuti in Spiaggia

Ti do il mio personale benvenuto nel nuovo libro, "Guida ai Tipi da Spiaggia e ai Segreti del Linguaggio del Corpo".

La spiaggia è uno dei luoghi più affascinanti e variegati in cui possiamo osservare il comportamento umano. Da quando ero adolescente, ho coltivato una passione per la comunicazione in tutte le sue sfumature, e ho avuto il privilegio di formare oltre 135.000 persone e tenere centinaia di corsi sul linguaggio del corpo e il comportamento umano.

Analizzare i "Tipi da spiaggia" non è solo divertente, ma è anche un modo fantastico per conoscere meglio noi stessi e le persone che ci circondano. Quindi, mettiti comodo, prendi il tuo libro, e iniziamo questo viaggio insieme.

Il fascino della spiaggia come microcosmo sociale

La spiaggia è un vero e proprio microcosmo sociale. È uno dei pochi luoghi in cui persone di diverse età, culture e background si riuniscono per godere del sole, del mare e della compagnia reciproca. In questo spazio, i confini sociali tendono a dissolversi, permettendoci di osservare un'ampia gamma di comportamenti e interazioni.

Immagina la spiaggia come un palcoscenico su cui si esibiscono diversi personaggi, ciascuno con il proprio ruolo unico. Abbiamo il "Re del Beach Volley" che domina il campo di gioco, la "Regina dell'Abbronzatura" che si dedica alla perfezione del suo colorito, e molti altri tipi che esploreremo nel corso del libro. Questi personaggi non solo ci intrattengono, ma ci offrono anche preziose lezioni sul linguaggio del corpo, sulla comunicazione e sulle dinamiche sociali.

Obiettivi del libro

Il principale obiettivo di questo libro è aiutarti a riconoscere e comprendere i diversi tipi di persone che incontri in spiaggia, analizzando i loro comportamenti e il loro linguaggio del corpo. Attraverso questa analisi, non solo ti divertirai a identificare i vari "Tipi da spiaggia", ma acquisirai anche una maggiore consapevolezza di te stesso e delle tue interazioni con gli altri.

Ecco alcuni obiettivi specifici che vogliamo raggiungere insieme:

1. **Riconoscere i Tipi da Spiaggia**: Imparerai a identificare i diversi personaggi che popolano la spiaggia e a capire cosa li rende unici.

2. **Capire il Linguaggio del Corpo**: Scoprirai come leggere il linguaggio del corpo e come questo può rivelare informazioni importanti sulle intenzioni e sulle emozioni delle persone.

3. **Migliorare le Interazioni Sociali**: Utilizzerai le conoscenze acquisite per migliorare le tue interazioni con gli altri, rendendole più efficaci e gratificanti.

4. **Divertirsi**: La spiaggia è un luogo di relax e divertimento, e questo libro è pensato per essere una lettura piacevole e leggera, perfetta per l'estate.

Come usare questo manuale

Questo manuale è strutturato per essere facile da leggere e da consultare. Ecco come puoi trarre il massimo da ogni sezione:

1. **Leggi i Capitoli in Ordine o Salta a Piacere**: Puoi leggere il libro dall'inizio alla fine, oppure saltare ai capitoli che ti interessano di più. Ogni capitolo è autosufficiente e fornisce informazioni dettagliate su un particolare "Tipo da spiaggia".

2. **Approfondisci il Linguaggio del Corpo**: Ogni capitolo include una sezione dedicata al linguaggio del corpo specifico di ogni tipo, permettendoti di riconoscere segnali e gesti particolari.

3. **Esegui i Test**: Nella sezione dei test, potrai valutare te stesso e gli altri, identificando i vari tipi da spiaggia e migliorando la tua consapevolezza sociale.

4. **Applica i Consigli Pratici**: Troverai consigli pratici per interagire al meglio con ogni tipo di persona e per goderti al massimo la tua giornata in spiaggia.

5. **Divertiti e Condividi**: La spiaggia è un luogo di gioia e condivisione. Usa questo libro per divertirti, imparare e magari condividere le tue nuove conoscenze con amici e familiari.

Spero che questo libro ti offra non solo momenti di svago e divertimento, ma anche spunti di riflessione e strumenti utili per migliorare le tue interazioni sociali. Grazie per aver scelto di intraprendere questo viaggio con me. Buona lettura e buona spiaggia!

CAPITOLO 1: L'UNIVERSO DELLA SPIAGGIA

Le spiagge sono luoghi magici dove si incontrano persone di ogni tipo. Ognuna ha il suo carattere unico, che può variare notevolmente a seconda della località, del tipo di ambiente e della cultura locale. In questo capitolo, esploreremo la spiaggia come un vero e proprio microcosmo sociale, un luogo dove le dinamiche umane si manifestano in modo particolarmente evidente e interessante.

1. Un Microcosmo Sociale

Immagina di essere su una spiaggia. Puoi sentire il rumore delle onde, il canto dei gabbiani e, a seconda del tipo di spiaggia, le voci delle persone intorno a te. Alcune spiagge sono tranquille e immerse nel silenzio, perfette per chi cerca relax e meditazione. Altre sono vivaci, animate da feste e attività sportive, ideali per chi ama la movida. Ci sono spiagge sabbiose dove i bambini costruiscono castelli di sabbia, spiagge sassose che offrono un massaggio naturale ai piedi e spiagge rocciose dove i più avventurosi esplorano insenature e grotte.

Ogni spiaggia è un mondo a sé, ma in tutte possiamo osservare una varietà di comportamenti umani che rispecchiano la società nel suo complesso. La spiaggia diventa così un laboratorio naturale dove possiamo studiare le interazioni sociali in un ambiente rilassato e informale. È qui che i confini sociali si abbassano e possiamo osservare le persone nella loro autenticità, impegnate in attività che amano.

In questo microcosmo, ogni persona assume un ruolo particolare, influenzato dal tipo di spiaggia in cui si trova. I tipi da spiaggia che incontreremo in questo libro sono presenti ovunque, ma il loro comportamento può variare in base all'ambiente. Ad esempio, il "Re del Beach Volley" sarà più attivo e competitivo su una spiaggia affollata e sportiva, mentre il "Lettore Solitario" troverà il suo angolo di paradiso in una spiaggia silenziosa e remota.

Attraverso questa lente, esploreremo le diverse tipologie di persone che popolano le spiagge, analizzando i loro comportamenti e il loro linguaggio del corpo. Questo ci permetterà non solo di riconoscerli e di capire meglio le loro dinamiche, ma anche di riflettere su come interagiamo con gli altri in questi spazi condivisi.

Iniziamo quindi questo viaggio nell'universo della spiaggia, pronti a scoprire i segreti e le peculiarità di questo affascinante microcosmo sociale.

La spiaggia come riflesso della società

Le spiagge rappresentano una sorta di specchio della nostra società. In questo ambiente rilassato e informale, le persone tendono a comportarsi in modo più naturale, offrendo un'opportunità unica per osservare una vasta gamma di comportamenti e interazioni. Vediamo come la spiaggia rifletta le dinamiche sociali e culturali che caratterizzano il nostro vivere quotidiano.

Diversità e Inclusione

Le spiagge accolgono persone di tutte le età, etnie e background socio-economici. Questo rende la spiaggia un luogo di grande diversità, dove si incontrano e si mescolano culture e tradizioni diverse. Proprio come nelle città, anche in spiaggia possiamo osservare la coesistenza di diverse identità e modi di essere.

Ad esempio, una spiaggia in un'area turistica internazionale vedrà persone di tutto il mondo che interagiscono, spesso con approcci e comportamenti molto diversi. Questo riflette la globalizzazione e l'interconnessione della nostra società moderna. Allo stesso modo, le spiagge locali possono essere microcosmi delle comunità circostanti, con tradizioni e abitudini specifiche che rispecchiano la cultura locale.

Ruoli Sociali e Gerarchie

Come in qualsiasi ambiente sociale, anche in spiaggia emergono ruoli e gerarchie. Il "Re del Beach Volley" può essere visto come il leader del gruppo sportivo, colui che coordina e dirige le attività. La "Regina dell'Abbronzatura" può rappresentare un modello di bellezza e stile, ammirato e seguito da altri bagnanti.

Questi ruoli non sono casuali ma riflettono dinamiche di potere e status che esistono anche nella vita quotidiana. In spiaggia, queste gerarchie possono essere più visibili e meno formali, ma sono comunque indicative di come le persone si relazionano tra loro e si posizionano all'interno di un gruppo.

Interazione e Comunicazione

La spiaggia è un luogo dove le interazioni sociali avvengono in modo spontaneo e spesso informale. Le persone si salutano, conversano e condividono esperienze in un contesto rilassato. Questo tipo di comunicazione è essenziale per costruire legami sociali e comunità.

Osservare come le persone interagiscono in spiaggia può offrire preziose informazioni su come la comunicazione avviene in ambienti meno strutturati. Ad esempio, i gruppi di amici che si riuniscono per una partita di beach volley o le famiglie che organizzano un picnic insieme mostrano come la collaborazione e la socializzazione siano parte integrante della nostra natura.

Espressione di sé

In spiaggia, le persone tendono a esprimere se stesse in modi che potrebbero non essere possibili in altri contesti. L'abbigliamento più informale, la scelta delle attività e persino la postura e il linguaggio del corpo sono tutti modi in cui le persone esprimono la propria identità.

Questo riflette un desiderio più ampio di autenticità e libertà di espressione che è presente nella nostra società. La spiaggia offre uno spazio dove è possibile sperimentare e mostrare aspetti della propria personalità che potrebbero essere nascosti nella vita di tutti i giorni.

Adattamento all'Ambiente

Infine, la spiaggia è un luogo dove possiamo osservare come le persone si adattano all'ambiente circostante. Che si tratti di cercare l'ombra sotto un ombrellone, costruire castelli di sabbia con i bambini o esplorare le onde con una tavola da surf, ogni attività riflette un modo di interagire con l'ambiente naturale.

Questo adattamento è un aspetto fondamentale del comportamento umano e rispecchia la nostra capacità di modificare le nostre azioni e abitudini in base alle circostanze. In un certo senso, la spiaggia è un laboratorio vivente dove possiamo vedere come le persone si adattano e trovano modi per trarre piacere e comfort dall'ambiente in cui si trovano.

La spiaggia, con la sua varietà di persone e comportamenti, è davvero un riflesso della nostra società. Ogni giornata trascorsa al mare offre l'opportunità di osservare, comprendere e apprezzare le dinamiche sociali che caratterizzano il nostro mondo. Proseguendo nel libro, esploreremo in dettaglio i diversi tipi di persone che popolano le spiagge, analizzando i loro comportamenti e il loro linguaggio del corpo, e scopriremo come queste osservazioni possono arricchire la nostra comprensione della società e di noi stessi.

Diversità dei frequentatori

La spiaggia è un luogo unico dove la diversità umana si manifesta in tutta la sua ricchezza. Qui, persone di ogni età, cultura e background si incontrano per godere del sole e del mare, creando un mosaico variegato di individui e gruppi. In questo capitolo, esploreremo come questa diversità si rifletta nelle varie tipologie di frequentatori che popolano le spiagge, offrendo uno spaccato affascinante delle dinamiche sociali e culturali che emergono in questi contesti.

Famiglie

Le famiglie sono una presenza costante su quasi tutte le spiagge. Le vedi arrivare cariche di attrezzature: ombrelloni, sedie, giocattoli per i bambini e, spesso, un pranzo al sacco. Le famiglie utilizzano la spiaggia come un'opportunità per passare del tempo insieme, giocare e rilassarsi. I bambini costruiscono castelli di sabbia, giocano a pallone o fanno il bagno sotto l'occhio vigile dei genitori.

Questa categoria di frequentatori riflette valori come l'importanza del tempo di qualità trascorso insieme e l'educazione attraverso il gioco. Osservare come le famiglie interagiscono tra loro e con l'ambiente circostante offre una finestra sui diversi stili genitoriali e sui valori familiari che variano da cultura a cultura.

Giovani e Adolescenti

I giovani e gli adolescenti rappresentano un altro gruppo distintivo sulle spiagge. Solitamente si riuniscono in gruppi, portando con sé un'energia contagiosa. Sono spesso impegnati in attività sportive come il beach volley, il surf o semplicemente a socializzare tra loro. La spiaggia per loro è un luogo di libertà, dove possono esprimere se stessi lontano dalle costrizioni della scuola o della famiglia.

Questa fascia di età è particolarmente interessante da osservare per il suo linguaggio del corpo e le dinamiche sociali. Le posture rilassate, i gesti ampi e i sorrisi sinceri sono indicativi di un desiderio di connessione e divertimento. Allo stesso tempo, le interazioni tra i membri del gruppo possono rivelare molto su questioni come il senso di appartenenza, l'identità e le relazioni sociali.

Anziani

Le persone anziane rappresentano una presenza tranquilla e riflessiva sulle spiagge. Spesso li vedi camminare lungo la riva, seduti sotto l'ombrellone a leggere un libro o chiacchierare con amici di lunga data. Per molti di loro, la spiaggia è un luogo di memoria e nostalgia, un rifugio dove possono rilassarsi e godere della natura.

Gli anziani ci insegnano l'importanza della pace interiore e della contemplazione. Il loro linguaggio del corpo è generalmente più contenuto e riflessivo, con movimenti lenti e misurati. Le conversazioni sono spesso più profonde e personali, riflettendo anni di esperienze e storie da raccontare.

Turisti

I turisti portano con sé un elemento di novità e diversità culturale. Provenienti da varie parti del mondo, arrivano con abitudini e aspettative diverse. Sono facilmente riconoscibili dalle macchine fotografiche, i cappelli di paglia e la costante ricerca di angoli pittoreschi da immortalare. Per i turisti, la spiaggia è un'avventura, un luogo da esplorare e di cui fare esperienza.

Osservare i turisti ci offre l'opportunità di vedere la spiaggia attraverso occhi nuovi. Il loro entusiasmo e curiosità possono essere contagiosi, e il loro linguaggio del corpo spesso esprime meraviglia e scoperta. Le interazioni tra turisti e locali sono particolarmente interessanti, rivelando molto su temi come l'accoglienza, l'integrazione e lo scambio culturale.

Sportivi

Gli sportivi sono una categoria ben visibile sulle spiagge, spesso impegnati in attività fisiche come il nuoto, il jogging, il surf o il beach volley. Per loro, la spiaggia è una palestra naturale, un luogo dove mantenersi in forma e competere in modo amichevole. La loro presenza è caratterizzata da corpi allenati, abbigliamento sportivo e attrezzature specifiche.

Gli sportivi ci mostrano l'importanza del movimento e della salute fisica. Il loro linguaggio del corpo è dinamico e pieno di energia, con movimenti fluidi e potenti. Osservare le loro attività può essere fonte di ispirazione per chi desidera adottare uno stile di vita più attivo e salutare.

Solitari

Infine, ci sono i solitari, coloro che scelgono la spiaggia come luogo di riflessione e tranquillità. Li vedrai spesso da soli, con un libro in mano, ascoltando musica o semplicemente osservando il mare. Per questi individui, la spiaggia è un rifugio, un luogo dove possono trovare pace e rigenerarsi lontano dalla frenesia della vita quotidiana.

I solitari ci ricordano l'importanza del tempo per sé stessi. Il loro linguaggio del corpo è generalmente chiuso e contenuto, con movimenti minimi e un atteggiamento introspettivo. Osservare questi individui ci insegna il valore della solitudine e della riflessione personale.

Conclusione

La diversità dei frequentatori della spiaggia riflette la ricchezza della nostra società. Ogni gruppo porta con sé una serie unica di comportamenti, valori e dinamiche sociali, contribuendo a creare un ambiente variegato e affascinante. Riconoscere e comprendere questa diversità ci permette di apprezzare meglio le persone che ci circondano e di interagire con loro in modo più consapevole e rispettoso. Proseguendo nella lettura, approfondiremo ulteriormente queste osservazioni, esplorando in dettaglio i vari "Tipi da spiaggia" e il loro linguaggio del corpo.

La Psicologia della Spiaggia

La spiaggia è un luogo che esercita un fascino particolare su molte persone. Ma cosa ci attrae davvero di questo ambiente? Quali sono le motivazioni psicologiche che ci spingono a cercare il sole, la sabbia e il mare? In questa sezione, esploreremo le ragioni profonde che ci portano a desiderare la spiaggia, analizzando gli aspetti psicologici che rendono questo luogo così speciale.

Perché la spiaggia ci attrae

La spiaggia ha un'attrattiva universale, che va al di là delle semplici preferenze personali. Diversi fattori psicologici contribuiscono a questa attrazione, creando un'esperienza unica che combina relax, socializzazione e connessione con la natura.

Vediamo insieme quali sono i principali motivi che ci spingono verso la spiaggia.

1. Il potere rilassante della natura

Uno dei motivi principali per cui la spiaggia ci attira è il potere rilassante della natura. L'ambiente marino offre un'ampia gamma di stimoli sensoriali che favoriscono il rilassamento. Il suono delle onde che si infrangono sulla riva, il profumo salmastro dell'aria, la vista dell'orizzonte aperto e la sensazione della sabbia sotto i piedi sono tutti elementi che aiutano a ridurre lo stress e promuovere un senso di calma e benessere.

La scienza ha dimostrato che trascorrere del tempo in ambienti naturali può abbassare i livelli di cortisolo, l'ormone dello stress, e migliorare l'umore. La spiaggia, con la sua combinazione di elementi naturali, offre un rifugio ideale per chi cerca una pausa dalla frenesia della vita quotidiana.

2. La luce del sole e il benessere

La luce del sole gioca un ruolo cruciale nel nostro benessere psicologico. L'esposizione alla luce solare stimola la produzione di vitamina D, essenziale per la salute delle ossa e del sistema immunitario. Ma oltre ai benefici fisici, il sole ha un impatto significativo sul nostro umore.

La luce solare aumenta la produzione di serotonina, un neurotrasmettitore che contribuisce a regolare l'umore e a favorire una sensazione di felicità e benessere. Questo spiega perché molte persone si sentono più felici e energiche dopo una giornata trascorsa al sole. La spiaggia, con le sue ampie distese di sabbia e mare, offre un'esperienza di sole e luce che è difficile da replicare altrove.

3. La connessione sociale

La spiaggia è anche un luogo di incontro e socializzazione. Qui, le persone si riuniscono per condividere esperienze, fare nuove conoscenze e rafforzare i legami esistenti. La natura informale e rilassata della spiaggia facilita le interazioni sociali, creando un ambiente ideale per costruire e mantenere relazioni.

Le attività di gruppo, come il beach volley, le passeggiate sulla riva o i picnic, offrono opportunità per interagire e connettersi con gli altri. Questo senso di comunità e appartenenza è fondamentale per il nostro benessere psicologico, contribuendo a farci sentire parte di qualcosa di più grande.

4. Il senso di libertà e avventura

Per molti, la spiaggia rappresenta un'opportunità di avventura e libertà. Le vaste distese di sabbia e mare offrono un terreno di gioco infinito per esplorare, giocare e sperimentare nuove attività. Che si tratti di nuotare, fare surf, costruire castelli di sabbia o semplicemente camminare lungo la riva, la spiaggia invita alla scoperta e alla creatività.

Questa sensazione di libertà e possibilità è particolarmente attraente in un mondo spesso dominato da routine e responsabilità. La spiaggia ci offre un'opportunità di lasciarci andare, di vivere nel momento presente e di abbracciare il senso di avventura che è insito in ognuno di noi.

5. La bellezza estetica

Infine, la bellezza estetica della spiaggia gioca un ruolo importante nella sua attrattiva. La vista del mare infinito, le sfumature di blu dell'acqua, il contrasto con il bianco della sabbia e i colori vivaci dei tramonti creano uno spettacolo visivo che incanta e ispira. Questa bellezza naturale ha un impatto profondo sulla nostra psiche, alimentando un senso di meraviglia e apprezzamento per il mondo che ci circonda.

La spiaggia è un luogo dove possiamo sperimentare la bellezza in modo diretto e immediato, senza filtri o mediazioni. Questo contatto diretto con la natura estetica ci aiuta a sentirci più connessi e a coltivare un senso di gratitudine e gioia.

La spiaggia quindi, ci attrae per molte ragioni, combinando elementi di rilassamento, benessere, socializzazione, libertà e bellezza estetica. Questa combinazione unica rende la spiaggia un luogo speciale, capace di soddisfare molti dei nostri bisogni psicologici fondamentali. Proseguendo nella lettura, esploreremo come queste attrazioni influenzino i comportamenti delle persone in spiaggia, svelando i segreti del loro linguaggio del corpo e delle loro interazioni sociali.

Comportamenti tipici sotto il sole

La spiaggia è un luogo dove le persone si comportano in modi che spesso riflettono il loro stato d'animo, le loro abitudini e le loro personalità. Sotto il sole, i comportamenti si amplificano e si mostrano in tutta la loro varietà.

Esploriamo insieme alcuni dei comportamenti più tipici che possiamo osservare in spiaggia, analizzando cosa ci rivelano sulle persone che li adottano.

1. La Ricerca del Posto Perfetto

Uno dei primi comportamenti che possiamo osservare è la ricerca del posto perfetto. Alcuni arrivano presto al mattino per assicurarsi il loro angolo di paradiso, vicino all'acqua ma non troppo, con una vista panoramica e possibilmente un po' di ombra naturale. La scelta del posto può rivelare molto sulla personalità di una persona: i più estroversi potrebbero scegliere un punto centrale e visibile, mentre i più introversi potrebbero preferire angoli più tranquilli e appartati.

Questa fase di ricerca è spesso accompagnata da un'analisi attenta del terreno e delle condizioni ambientali. Vedrai persone passeggiare avanti e indietro, valutando diverse opzioni prima di prendere una decisione. Questo comportamento riflette un desiderio di comfort e controllo, un modo per creare un piccolo spazio personale in un ambiente condiviso.

2. L'Installazione del Campo Base

Una volta trovato il posto perfetto, inizia l'installazione del campo base. Questo comportamento include il posizionamento di ombrelloni, sedie a sdraio, teli da mare e spesso un assortimento di borse e attrezzature. L'installazione può variare da semplice e minimalista a elaborata e ben organizzata, a seconda delle preferenze e delle necessità delle persone.

La cura e l'attenzione dedicate a questa fase riflettono l'importanza del comfort e della preparazione. Chi si prende il tempo di creare uno spazio ben organizzato è spesso qualcuno che apprezza la pianificazione e l'ordine, mentre chi si accontenta di un setup più semplice potrebbe essere più flessibile e spontaneo.

3. La Protezione dal Sole

La protezione dal sole è un comportamento cruciale in spiaggia e viene affrontato in vari modi. Alcuni preferiscono applicare strati generosi di crema solare, altri optano per cappelli, occhiali da sole e abbigliamento protettivo. La scelta del metodo di protezione può rivelare molto sul livello di consapevolezza e preoccupazione per la salute di una persona.

Chi è particolarmente meticoloso nella protezione dal sole tende ad essere attento alla propria salute e benessere. Questo comportamento può indicare una personalità prudente e informata, che prende sul serio i rischi associati all'esposizione prolungata ai raggi UV.

4. Il Rilassamento

Una volta sistemati, molti bagnanti si dedicano al rilassamento. Questo può includere prendere il sole, leggere un libro, ascoltare musica o semplicemente godersi il suono delle onde. Il rilassamento in spiaggia è un comportamento universale, ma le modalità con cui viene praticato possono variare notevolmente.

Chi si sdraia al sole per ore, senza distrazioni, è spesso qualcuno che cerca di ricaricare le energie e staccare completamente dalla routine quotidiana. Altri, che preferiscono mantenersi impegnati con letture o ascolti, potrebbero trovare il relax nella stimolazione mentale piuttosto che nel semplice ozio

5. Le Attività Ludiche

La spiaggia è anche un luogo di gioco e divertimento. Vediamo persone impegnate in una varietà di attività ludiche, come il beach volley, il frisbee, le costruzioni di castelli di sabbia o le immersioni in acqua. Queste attività non solo forniscono intrattenimento, ma anche un modo per socializzare e interagire con gli altri.

Gli sportivi e i giocatori appassionati tendono ad avere un'energia contagiosa e un desiderio di competizione amichevole. Le loro interazioni sono spesso caratterizzate da risate, grida di incitamento e gesti ampi. Questo comportamento riflette un approccio attivo e dinamico alla vita, dove il movimento e l'interazione sono fondamentali.

6. La Socializzazione

La socializzazione è un aspetto fondamentale dell'esperienza in spiaggia. Alcuni si riuniscono in gruppi di amici, organizzano picnic e giochi, mentre altri sono più inclini a fare nuove conoscenze e chiacchierare con i vicini di ombrellone. La spiaggia facilita le interazioni sociali grazie alla sua atmosfera informale e rilassata.

Le persone che amano socializzare in spiaggia sono spesso estroverse e aperte, pronte a condividere storie e creare nuovi legami. Questo comportamento indica un forte desiderio di connessione e appartenenza, che è soddisfatto attraverso l'interazione e la condivisione di esperienze.

7. La Contemplazione

Infine, c'è chi utilizza la spiaggia come un luogo di contemplazione. Seduti a osservare il mare, magari durante il tramonto, queste persone trovano nella natura un'occasione per riflettere e meditare. La contemplazione è un comportamento che riflette un bisogno di introspezione e pace interiore.

Chi pratica la contemplazione in spiaggia tende ad essere riflessivo e introspettivo. Questo comportamento mostra una ricerca di tranquillità e una connessione profonda con l'ambiente naturale, che offre uno spazio sicuro per pensare e rigenerarsi.

CAPITOLO 2: I TIPI DA SPIAGGIA

Benvenuto o Benvenuta al cuore di questo libro: l'esplorazione dei "Tipi da Spiaggia". In questo capitolo, ci addentreremo nella varietà di personaggi che popolano le spiagge, ciascuno con i propri comportamenti, abitudini e linguaggio del corpo. Conoscere questi tipi ci aiuterà a comprendere meglio le dinamiche sociali che emergono sotto il sole e ci offrirà spunti per migliorare le nostre interazioni e godere al massimo delle nostre giornate in spiaggia.

Ogni sezione è dedicata a un tipo specifico di persona che possiamo incontrare in spiaggia. Analizzeremo i loro comportamenti tipici, il loro linguaggio del corpo e forniremo consigli su come interagire con loro. Che tu voglia semplicemente osservare o diventare un esperto di dinamiche sociali da spiaggia, questo capitolo è per te.

1. Il Re del Beach Volley

Il Re del Beach Volley è uno dei personaggi più riconoscibili e dinamici in spiaggia. Questo individuo si distingue per la sua energia, competitività e abilità atletiche. Sempre pronto per una partita, il Re del Beach Volley attira l'attenzione con i suoi salti, schiacciate e urla di incitamento. La sua presenza è spesso il fulcro dell'attività sportiva sulla spiaggia, creando un'atmosfera di competizione amichevole e divertimento.

In questa sezione, esploreremo i comportamenti tipici del Re del Beach Volley, il suo linguaggio del corpo e come puoi unirti al divertimento o semplicemente goderti lo spettacolo. Impareremo anche a riconoscere i segnali che indicano quando è il momento giusto per approcciarsi e magari chiedere di unirsi alla partita.

Comportamenti e linguaggio del corpo del Re del Beach Volley

Il Re del Beach Volley è un personaggio che non passa inosservato. La sua presenza è carismatica e dominante, caratterizzata da una serie di comportamenti e segnali del linguaggio del corpo che riflettono la sua passione per il gioco e la sua natura competitiva. Esaminiamo insieme questi elementi per comprendere meglio questo tipo di persona e come interagire con lui.

Comportamenti Tipici

Energia e Dinamicità

Il Re del Beach Volley è sempre in movimento. Lo si vede correre, saltare, schiacciare e tuffarsi con un'energia inesauribile. Questa dinamicità è un tratto distintivo che lo rende facilmente riconoscibile. Per lui, il beach volley non è solo un gioco, ma una vera e propria passione che vive con intensità.

Competitività

La competitività è un altro aspetto centrale del comportamento del Re del Beach Volley. Ogni partita è una sfida da vincere, e questo atteggiamento si riflette nel suo approccio al gioco. Non si accontenta di partecipare, vuole primeggiare. Questo può essere visto nelle sue strategie di gioco, nei suoi incitamenti ai compagni di squadra e nelle sue espressioni di soddisfazione dopo un punto ben giocato.

Socialità

Nonostante la sua natura competitiva, il Re del Beach Volley è anche molto socievole. Ama interagire con gli altri, fare nuove conoscenze e coinvolgere chi lo circonda nel gioco. Spesso è lui a organizzare le partite, a chiamare i giocatori e a fare da arbitro quando necessario. Questa socialità lo rende un punto di riferimento in spiaggia, qualcuno che tutti conoscono e rispettano.

Linguaggio del Corpo

Postura e Gestualità

La postura del Re del Beach Volley è aperta e sicura. Mantiene una posizione eretta, con le spalle larghe e il petto in fuori, segno di fiducia e autorità. Durante il gioco, utilizza ampi gesti per comunicare con i compagni di squadra e per incitare il pubblico. Questi gesti includono alzare le braccia in segno di vittoria, battere le mani per motivare il gruppo e indicare le direzioni di gioco.

Espressioni Facciali

Le espressioni facciali del Re del Beach Volley sono vivaci e spesso esagerate, riflettendo le emozioni intense del momento. Un sorriso largo dopo un punto vincente, uno sguardo concentrato durante un'azione critica, o un'espressione di frustrazione dopo un errore. Queste espressioni rendono evidente la sua passione per il gioco e la sua determinazione a eccellere.

Comunicazione Verbale

Il Re del Beach Volley è anche molto verbale. Utilizza il linguaggio per motivare i compagni, dare istruzioni e creare un'atmosfera di squadra. Frasi come "Forza!", "Ottimo lavoro!" o "Dai, ce la facciamo!" sono comuni. La sua voce è spesso forte e chiara, utilizzata per farsi sentire anche in mezzo al rumore della spiaggia.

Come Interagire con il Re del Beach Volley

Partecipazione Attiva

Se vuoi entrare nelle grazie del Re del Beach Volley, la partecipazione attiva è fondamentale. Mostra interesse per il gioco, proponiti per una partita e metti in mostra la tua energia e il tuo entusiasmo. Anche se non sei un giocatore esperto, la tua voglia di partecipare sarà apprezzata.

Rispetto delle Dinamiche di Gioco

Rispetta le regole e le dinamiche di gioco. Il Re del Beach Volley apprezza chi gioca con fair play e contribuisce positivamente all'atmosfera della partita. Evita atteggiamenti polemici o troppo competitivi, che potrebbero disturbare l'armonia del gruppo.

Interazione Sociale

Fuori dal campo, interagisci con il Re del Beach Volley in modo amichevole e rispettoso. Complimentati per le sue abilità, chiedi consigli su come migliorare il tuo gioco e partecipa alle conversazioni. Questo tipo di interazione rafforza il legame sociale e ti integra meglio nel gruppo.

Conclusione

Il Re del Beach Volley è un personaggio affascinante e dinamico, che porta energia e vitalità alla spiaggia. Comprendere i suoi comportamenti e il suo linguaggio del corpo ti permetterà di apprezzare meglio il suo ruolo e di interagire con lui in modo positivo. Che tu sia un giocatore appassionato o un semplice osservatore, il Re del Beach Volley offre uno spettacolo coinvolgente e una lezione di passione e dedizione. Proseguendo nel libro, esploreremo altri tipi di persone che rendono la spiaggia un luogo così variegato e interessante.

2. La Regina dell'Abbronzatura

La Regina dell'Abbronzatura è una figura iconica sulla spiaggia. Sempre perfettamente preparata per sfruttare al massimo ogni raggio di sole, si distingue per la sua dedizione alla cura della pelle e per il suo desiderio di ottenere l'abbronzatura perfetta. Elegante e attenta ai dettagli, la sua presenza è una lezione di stile e pazienza. In questa sezione, esploreremo i comportamenti e il linguaggio del corpo della Regina dell'Abbronzatura, oltre a svelare alcuni dei suoi segreti per ottenere un'abbronzatura impeccabile.

Comportamenti e linguaggio del corpo

La Regina dell'Abbronzatura non lascia nulla al caso. Arriva in spiaggia preparata, spesso con una borsa ben fornita di creme solari, lozioni abbronzanti, occhiali da sole e accessori per il comfort come teli mare morbidi e cuscini. La sua routine inizia con un'attenta applicazione di prodotti per la pelle, che ripete a intervalli regolari per mantenere la protezione e l'idratazione.

Posizionamento Strategico

Per massimizzare l'esposizione al sole, la Regina dell'Abbronzatura sceglie con cura il suo posto sulla spiaggia. Predilige aree con una buona esposizione solare e, se possibile, evita le zone affollate per assicurarsi tranquillità e spazio personale. La sua attenzione ai dettagli si manifesta anche nella disposizione del suo spazio, con il telo ben steso e gli oggetti personali ordinati.

Routine di Rotazione

Per garantire un'abbronzatura uniforme, la Regina dell'Abbronzatura segue una precisa routine di rotazione. Cambia posizione regolarmente, alternando il tempo trascorso a faccia in su e a faccia in giù. Utilizza spesso timer o app sullo smartphone per ricordarsi di ruotare, mostrando un approccio metodico e disciplinato.

Linguaggio del Corpo

La postura della Regina dell'Abbronzatura è rilassata ma attenta. Quando è distesa, si muove con grazia e lentezza, dimostrando una consapevolezza del proprio corpo e della necessità di mantenere la pelle protetta e confortevole. Evita movimenti bruschi che potrebbero disturbare la sua posizione o compromettere l'uniformità dell'abbronzatura.

Gesti Eleganti

I gesti della Regina dell'Abbronzatura sono eleganti e misurati. L'applicazione della crema solare, ad esempio, è un rituale eseguito con cura, distribuendo il prodotto con movimenti lenti e circolari. Questo non solo assicura una copertura uniforme, ma denota anche una certa raffinatezza nei suoi modi.

Espressioni Serene

Le espressioni facciali della Regina dell'Abbronzatura riflettono serenità e soddisfazione. Il suo volto è spesso rilassato, con un leggero sorriso che mostra il piacere che trae dal sole e dall'ambiente circostante. Questo atteggiamento sereno contribuisce a creare un'aura di tranquillità attorno a lei, che è contagiosa per chi le sta vicino.

Segreti per un'abbronzatura perfetta

Preparazione della Pelle

Uno dei segreti della Regina dell'Abbronzatura per una pelle perfettamente abbronzata è l'esfoliazione regolare. Rimuovere le cellule morte della pelle permette di ottenere un'abbronzatura più uniforme e duratura. Utilizza scrub delicati e naturali, evitando prodotti troppo aggressivi che potrebbero irritare la pelle.

Idratazione

L'idratazione è fondamentale. Una pelle ben idratata abbronza meglio e mantiene l'abbronzatura più a lungo. La Regina dell'Abbronzatura utilizza creme idratanti ricche di nutrienti sia prima che dopo l'esposizione al sole, scegliendo prodotti con ingredienti naturali come l'aloe vera e il burro di karité.

Durante l'Esposizione al Sole

Nonostante l'obiettivo sia l'abbronzatura, la protezione è essenziale. La Regina dell'Abbronzatura sceglie creme solari con un fattore di protezione adeguato al suo tipo di pelle, generalmente SPF 30 o superiore, per proteggersi dai raggi UV dannosi. Applica la crema generosamente e frequentemente, soprattutto dopo ogni bagno in mare.

Idratazione Interna

Bere molta acqua è un altro segreto. L'esposizione al sole può facilmente causare disidratazione, quindi la Regina dell'Abbronzatura porta sempre con sé una bottiglia d'acqua e la sorseggia regolarmente. Inoltre, preferisce bevande rinfrescanti e naturali come tè freddi e succhi di frutta.

Dopo l'Esposizione al Sole

Dopo una giornata al sole, la pelle ha bisogno di essere calmata e rigenerata. La Regina dell'Abbronzatura utilizza prodotti doposole che contengono ingredienti lenitivi come l'aloe vera, il pantenolo e l'olio di cocco. Questi prodotti aiutano a riparare eventuali danni e a mantenere la pelle morbida e idratata.

Evitare Docce Calde

Per non stressare ulteriormente la pelle, evita docce troppo calde. Preferisce l'acqua tiepida e utilizza detergenti delicati per non rimuovere gli oli naturali della pelle. Dopo la doccia, applica immediatamente una crema idratante per sigillare l'idratazione.

Conclusione

La Regina dell'Abbronzatura è un esempio di dedizione e cura per la pelle. Attraverso i suoi comportamenti e il linguaggio del corpo, ci insegna l'importanza di proteggere e prendersi cura della propria pelle mentre ci si gode il sole. Seguendo i suoi segreti per un'abbronzatura perfetta, possiamo migliorare la nostra esperienza in spiaggia, assicurandoci di ottenere un colore dorato in modo sano e sicuro. Proseguendo nel libro, continueremo a scoprire altri tipi di persone che popolano la spiaggia e i loro comportamenti caratteristici.

3. Il Lettore Solitario

Il Lettore Solitario è una figura affascinante e riflessiva che si può spesso incontrare in spiaggia. Con un libro in mano e un'aria di serenità, questa persona trova nella lettura un rifugio e una fonte di piacere. Il Lettore Solitario cerca tranquillità e concentrazione, utilizzando il tempo in spiaggia per immergersi nelle pagine di un buon libro. In questa sezione, esploreremo i comportamenti e il linguaggio del corpo del Lettore Solitario e forniremo alcuni consigli su come approcciarsi rispettosamente a questa figura introspettiva.

Comportamenti e linguaggio del corpo

Comportamenti Tipici

Il Lettore Solitario sceglie con cura il proprio posto sulla spiaggia, preferendo aree tranquille e meno affollate dove può godere di pace e silenzio. Spesso si posiziona lontano dai gruppi rumorosi e dalle zone di gioco, cercando un angolo appartato o un'ombra accogliente sotto un ombrellone.

Preparazione del Nido di Lettura

Una volta trovato il luogo ideale, il Lettore Solitario allestisce il suo nido di lettura con attenzione. Stende un telo o un asciugamano, dispone i propri oggetti personali in modo ordinato e si sistema comodamente con il libro in mano. Porta con sé tutto il necessario per rimanere a lungo senza doversi spostare: una bottiglia d'acqua, occhiali da sole, crema solare e, naturalmente, una scorta di libri o un e-reader.

Immersione nella Lettura

Il Lettore Solitario si immerge profondamente nella lettura, spesso perdendo la cognizione del tempo. Cambia posizione di tanto in tanto per trovare la postura più confortevole, ma il focus principale rimane sul libro. Durante questa attività, appare completamente assorto e concentrato, isolato dal mondo esterno.

Linguaggio del Corpo

La postura del Lettore Solitario è rilassata ma attenta. Solitamente seduto o sdraiato su un lettino o un asciugamano, mantiene una posizione comoda che permette di leggere a lungo senza affaticarsi. Le spalle sono rilassate, e i movimenti sono lenti e misurati, riflettendo un desiderio di tranquillità e stabilità.

Gesti Delicati

I gesti del Lettore Solitario sono delicati e contenuti. Sfoglia le pagine del libro con cura, segnando a volte il punto con un segnalibro o con un dito. Può sollevare il libro per cambiare posizione o spostarsi leggermente per trovare l'angolazione migliore per leggere, sempre con movimenti fluidi e non invadenti.

Espressioni Concentrate

Le espressioni facciali del Lettore Solitario sono generalmente serene e concentrate. Gli occhi seguono attentamente le righe del testo, e il viso può mostrare segni di emozione legata alla lettura, come un sorriso leggero o una fronte corrugata in segno di riflessione. Questo stato di immersione riflette un profondo coinvolgimento mentale e emotivo nel contenuto del libro.

Consigli per approcciarsi rispettosamente

Rispetto dello Spazio Personale

Il Lettore Solitario apprezza la sua tranquillità e il suo spazio personale. Se desideri approcciarti, è fondamentale rispettare questa esigenza. Mantieni una certa distanza iniziale e osserva il linguaggio del corpo per capire se è il momento giusto per avvicinarti. Se il Lettore sembra profondamente concentrato, potrebbe essere meglio aspettare un momento più opportuno.

Trovare il Momento Giusto

Il tempismo è cruciale quando si vuole interagire con un Lettore Solitario. Attendi che faccia una pausa dalla lettura, come quando si stiracchia o guarda in giro. Questo può essere un segnale che è disponibile per un'interazione. Iniziare con un saluto amichevole e non invadente può essere un buon modo per rompere il ghiaccio.

Conversazioni Rispettose

Quando inizi una conversazione, sii rispettoso e conciso. Un buon punto di partenza può essere commentare il libro che sta leggendo: "Sembra interessante, di cosa parla?" o "Anche io amo leggere, hai qualche consiglio su cosa leggere quest'estate?". Questo approccio mostra rispetto per la sua passione e può aprire la strada a una conversazione piacevole e condivisa.

Offrire Spazio per Tornare alla Lettura

Ricorda che il Lettore Solitario potrebbe voler tornare alla sua attività principale dopo una breve chiacchierata. Se noti segnali di ritorno alla lettura, come prendere nuovamente il libro in mano o guardare frequentemente le pagine, ringrazialo per la conversazione e auguragli una buona giornata. Questo dimostra rispetto per il suo tempo e spazio personale.

Conclusione

Il Lettore Solitario è una figura che aggiunge una dimensione di quiete e riflessione alla spiaggia. Attraverso i suoi comportamenti e il linguaggio del corpo, ci insegna l'importanza del tempo per sé stessi e della lettura come forma di evasione e arricchimento personale. Approcciarsi a lui con rispetto e attenzione può portare a interazioni significative e arricchenti. Continuando nella lettura del libro, scopriremo altri tipi di persone che rendono la spiaggia un luogo così affascinante e variegato.

4. Il Giocatore Instancabile

Il Giocatore Instancabile è una figura vivace e energica che anima la spiaggia con la sua inesauribile voglia di giocare e competere. Sempre in movimento, porta con sé un senso di dinamismo e divertimento che coinvolge chiunque si trovi nelle vicinanze. Per lui, la spiaggia è un campo di gioco dove ogni momento è un'opportunità per un'attività sportiva. In questa sezione, esploreremo i comportamenti e il linguaggio del corpo del Giocatore Instancabile e scopriremo quali sono le sue attività preferite e come unirsi al gioco.

Comportamenti e linguaggio del corpo

Comportamenti Tipici

Il Giocatore Instancabile è sempre alla ricerca di un'attività. Dal beach volley al frisbee, dalla pallanuoto al surf, non si ferma mai. Ogni occasione è buona per iniziare un gioco e coinvolgere gli altri. Questo comportamento instancabile è motivato dal desiderio di divertimento e dalla passione per lo sport.

Organizzazione di Giochi di Gruppo

Spesso è lui a prendere l'iniziativa per organizzare giochi di gruppo. Raduna amici, familiari o persino sconosciuti per formare squadre e iniziare una partita. La sua capacità di coordinare e motivare gli altri lo rende un leader naturale nelle attività sportive in spiaggia.

Competizione Amichevole

Nonostante la sua energia competitiva, il Giocatore Instancabile mantiene un atteggiamento amichevole. Per lui, l'importante è il divertimento e la partecipazione, piuttosto che vincere a tutti i costi. Questo equilibrio tra competizione e gioco leale lo rende un compagno di gioco ideale.

Linguaggio del Corpo

La postura del Giocatore Instancabile è sempre pronta all'azione. Si muove con sicurezza e agilità, mostrando una postura eretta e dinamica. Le sue azioni sono rapide e decise, riflettendo la sua prontezza a impegnarsi in qualsiasi attività.

Gesti Ampi e Comunicativi

Utilizza gesti ampi per comunicare con i compagni di squadra e per incitare il gruppo. Questi gesti includono alzare le braccia per chiamare un passaggio, battere le mani per applaudire una buona azione e indicare direzioni specifiche durante il gioco. La sua gestualità è espressiva e coinvolgente, contribuendo a mantenere alto il morale del gruppo.

Espressioni Vivaci

Le espressioni facciali del Giocatore Instancabile sono vivaci e riflettono la sua passione per il gioco. Un sorriso ampio dopo una buona azione, un'espressione concentrata durante un momento cruciale e risate frequenti sono tutti segni del suo coinvolgimento emotivo. Queste espressioni contagiose rendono chiaro quanto si stia divertendo e incoraggiano gli altri a partecipare.

Attività preferite e come unirsi al gioco

Attività Preferite

Il beach volley è una delle attività preferite del Giocatore Instancabile. Questo sport combina competizione, abilità e gioco di squadra, rendendolo perfetto per chi ama l'azione. Che si tratti di una partita amichevole o di un torneo improvvisato, il Giocatore Instancabile è sempre pronto a scendere in campo.

Frisbee

Il frisbee è un'altra attività molto amata. Semplice da organizzare e accessibile a tutti, offre un modo divertente per restare attivi e socializzare. Lanci e prese spettacolari rendono ogni partita entusiasmante, e il Giocatore Instancabile è spesso al centro dell'azione.

Pallanuoto

Per chi ama l'acqua, la pallanuoto è un'ottima scelta. Questo sport richiede resistenza e coordinazione, e il Giocatore Instancabile si tuffa con entusiasmo in ogni partita. Le acque poco profonde vicino alla riva sono il campo ideale per una sfida a pallanuoto.

Surf e Sport Acquatici

Quando le condizioni lo permettono, il Giocatore Instancabile si dedica anche al surf e ad altri sport acquatici. La sfida delle onde e la libertà che si prova in acqua sono irresistibili per chi cerca adrenalina e avventura.

Come Unirsi al Gioco

Se vuoi unirti al Giocatore Instancabile, mostra interesse per l'attività. Anche se non sei un esperto, la tua voglia di partecipare sarà apprezzata. Un semplice "Posso unirmi?" o "C'è spazio per un altro giocatore?" è un buon modo per iniziare.

Segui le Regole del Gioco

Ogni gioco ha le sue regole, e rispettarle è fondamentale. Ascolta attentamente le spiegazioni del Giocatore Instancabile e segui le sue indicazioni. Questo dimostra il tuo rispetto per il gioco e per gli altri partecipanti.

Sii Partecipativo

Una volta nel gioco, dai il massimo. Non importa se non sei il più abile, l'importante è essere coinvolto e contribuire all'atmosfera positiva. Incita i compagni di squadra, partecipa attivamente e divertiti.

Mantieni un Atteggiamento Positivo

Il Giocatore Instancabile apprezza un atteggiamento positivo. Anche se commetti errori o perdi, mantieni il buon umore e il fair play. Questo atteggiamento contribuisce a creare un ambiente di gioco piacevole e inclusivo.

Conclusione

Il Giocatore Instancabile porta un'energia contagiosa alla spiaggia, trasformandola in un vivace campo di gioco. Attraverso i suoi comportamenti e il linguaggio del corpo, ci insegna l'importanza del divertimento e della partecipazione attiva. Seguendo i consigli su come unirsi al gioco, possiamo vivere un'esperienza sportiva e sociale arricchente. Continuando nella lettura, scopriremo altri tipi di persone che rendono la spiaggia un luogo così variegato e interessante.

5. Il Fotografo Social

Il Fotografo Social è un personaggio che non può mancare in spiaggia. Armato di smartphone o fotocamera, è sempre alla ricerca dello scatto perfetto per condividere la sua esperienza sui social media. Questo tipo di persona vede la spiaggia come un'opportunità per creare contenuti visivamente accattivanti, catturando momenti di bellezza naturale e vita quotidiana. In questa sezione, esploreremo i comportamenti e il linguaggio del corpo del Fotografo Social e forniremo suggerimenti per essere fotogenici in spiaggia.

Comportamenti e linguaggio del corpo

Comportamenti Tipici

Il Fotografo Social trascorre gran parte del tempo a esplorare la spiaggia alla ricerca dello scatto perfetto. Che si tratti di un tramonto mozzafiato, delle onde che si infrangono sulla riva o di un selfie con amici, è sempre attento ai dettagli e alla composizione. La sua missione è catturare immagini che raccontino una storia e suscitino emozioni.

Posizionamento e Prospettiva

Questo tipo di fotografo è molto attento alla prospettiva. Spesso lo vedrai accovacciato, disteso sulla sabbia o arrampicato su una roccia per ottenere l'angolazione giusta. Cambia frequentemente posizione per sperimentare diverse prospettive e sfruttare al meglio la luce naturale.

Interazione con il Soggetto

Quando fotografa persone, il Fotografo Social sa come mettere a proprio agio i suoi soggetti. Utilizza un mix di complimenti, suggerimenti e incoraggiamenti per ottenere pose naturali e rilassate. La sua capacità di comunicare efficacemente aiuta a creare un'atmosfera confortevole e collaborativa.

Linguaggio del Corpo

Postura Attiva e Dinamica

La postura del Fotografo Social è attiva e dinamica. Sempre in movimento, si sposta continuamente per trovare il miglior angolo di ripresa. La sua energia e il suo entusiasmo sono evidenti nei suoi movimenti rapidi e decisi.

Gesti Espressivi

I gesti del Fotografo Social sono espressivi e indicativi. Utilizza le mani per mostrare come i soggetti dovrebbero posizionarsi, spesso accompagnando le indicazioni con parole di incoraggiamento. Questo aiuta a creare un rapporto di fiducia con i soggetti e a ottenere scatti più spontanei.

Espressioni Concentrate

Le espressioni facciali del Fotografo Social sono generalmente concentrate e focalizzate. Quando guarda attraverso l'obiettivo, i suoi occhi sono attenti ai dettagli, e il volto può mostrare segni di soddisfazione o frustrazione a seconda del risultato dello scatto. Questa concentrazione riflette il suo impegno nel creare immagini di qualità.

Suggerimenti per essere fotogenici in spiaggia

Preparazione e Attenzione ai Dettagli

Per essere fotogenici in spiaggia, l'abbigliamento gioca un ruolo cruciale. Scegli capi che siano non solo comodi ma anche esteticamente piacevoli. Colori vivaci e tessuti leggeri che contrastano con il blu del mare o il bianco della sabbia possono fare una grande differenza. Evita abiti troppo aderenti o scomodi che potrebbero limitare i movimenti.

Cura della Pelle

Prima di una sessione fotografica, prenditi cura della tua pelle. Utilizza creme solari per proteggerti dai raggi UV, ma anche prodotti idratanti per mantenere la pelle luminosa. Una pelle ben curata risalta meglio nelle foto, contribuendo a un aspetto fresco e sano.

Posizionamento e Posa

La luce naturale è il miglior alleato per scatti fotogenici. Cerca di scattare le foto durante le prime ore del mattino o nel tardo pomeriggio, quando la luce è più morbida e dorata. Evita le ore centrali della giornata, quando la luce è troppo forte e crea ombre dure.

Trovare l'Angolazione Giusta

Sperimenta con diverse angolazioni per trovare quella che valorizza meglio il tuo viso e il tuo corpo. Angolazioni leggermente dall'alto tendono a essere lusinghiere, poiché allungano il collo e definiscono meglio i lineamenti del viso. Prova anche angolazioni di tre quarti, che possono aggiungere profondità e interesse alla foto.

Relax e Naturalezza

La chiave per apparire fotogenici è rilassarsi e sentirsi a proprio agio. Evita pose troppo rigide o forzate. Invece, opta per movimenti naturali come camminare lungo la riva, sederti sulla sabbia o guardare verso l'orizzonte. Il Fotografo Social ti aiuterà a sentirti rilassato, quindi segui i suoi suggerimenti e lasciati andare.

Interazione con il Fotografo

Mantieni una comunicazione aperta con il Fotografo Social. Chiedi feedback e suggerimenti su come migliorare le pose. La collaborazione e la fiducia reciproca sono essenziali per ottenere scatti naturali e piacevoli.

Sorridi e Divertiti

Il sorriso è l'elemento più importante per una foto riuscita. Non deve essere forzato, ma genuino. Divertiti durante la sessione fotografica, scherza con il fotografo e lascia che il tuo sorriso naturale emerga. La gioia e il divertimento sono contagiosi e renderanno le foto più autentiche e attraenti.

Conclusione

Il Fotografo Social aggiunge un tocco artistico alla vita in spiaggia, catturando momenti e creando ricordi visivi che durano nel tempo. Comprendere i suoi comportamenti e il linguaggio del corpo può aiutarti a interagire meglio con lui e a ottenere scatti migliori. Seguendo i suggerimenti per essere fotogenici, puoi apparire al meglio nelle foto e goderti l'esperienza fotografica. Proseguendo nel libro, scopriremo altri tipi di persone che rendono la spiaggia un luogo così variegato e interessante.

6. La Famiglia Allegra

La Famiglia Allegra è una presenza vibrante e dinamica sulla spiaggia. Composta da genitori, bambini e talvolta anche dai nonni, questa famiglia porta con sé un senso di gioia e vitalità. La loro giornata in spiaggia è piena di risate, giochi e momenti di condivisione. In questa sezione, esploreremo i comportamenti e il linguaggio del corpo della

Famiglia Allegra e forniremo consigli su come convivere in armonia con i bambini in spiaggia.

Comportamenti e linguaggio del corpo

Comportamenti Tipici

La Famiglia Allegra arriva in spiaggia ben preparata, con una serie di attrezzature che include ombrelloni, sedie a sdraio, teli mare, giochi per bambini e spesso un picnic. I genitori si preoccupano di allestire un'area confortevole e sicura per tutta la famiglia, assicurandosi che ci sia abbastanza ombra e spazio per giocare.

Attività e Gioco

Una delle caratteristiche più evidenti della Famiglia Allegra è l'entusiasmo per le attività ludiche. I bambini costruiscono castelli di sabbia, giocano a pallone o a frisbee, e si divertono nell'acqua sotto la supervisione dei genitori. I genitori spesso partecipano attivamente ai giochi, incoraggiando i bambini e creando un ambiente di gioco sicuro e divertente.

Momenti di Condivisione

La Famiglia Allegra valorizza i momenti di condivisione. Che si tratti di un picnic tutti insieme, di una passeggiata lungo la riva o di una sessione di raccolta di conchiglie, ogni attività è un'opportunità per rafforzare i legami familiari. Questi momenti di condivisione sono caratterizzati da risate, conversazioni e un senso di unità.

Linguaggio del Corpo

I genitori della Famiglia Allegra mantengono una postura attiva e protettiva. Sono sempre vigili e pronti a intervenire per garantire la sicurezza dei bambini. Allo stesso tempo, la loro postura è aperta e accogliente, invitando i bambini a interagire e a giocare.

Gesti Affettuosi

I gesti della Famiglia Allegra sono affettuosi e rassicuranti. Abbracci, carezze e sorrisi frequenti creano un ambiente di amore e sicurezza. Questi gesti rafforzano i legami familiari e contribuiscono al benessere emotivo dei bambini.

Espressioni di Gioia e Soddisfazione

Le espressioni facciali della Famiglia Allegra riflettono gioia e soddisfazione. I genitori sorridono spesso, ridono con i bambini e mostrano un sincero apprezzamento per i momenti trascorsi insieme. Queste espressioni positive sono contagiose e creano un'atmosfera di felicità e serenità.

Come convivere in armonia con i bambini in spiaggia

Creare Spazi Sicuri

Per convivere in armonia con i bambini in spiaggia, è importante creare spazi sicuri dove possano giocare liberamente. Delimitare un'area con teli o ombrelloni può aiutare a definire uno spazio dedicato al gioco, mantenendo i bambini lontani dalle zone più affollate o pericolose.

Sorveglianza Attiva

La sorveglianza attiva è fondamentale. I genitori dovrebbero essere sempre presenti e attenti, monitorando costantemente i bambini durante le attività. Questo non solo garantisce la sicurezza, ma permette anche di intervenire rapidamente in caso di necessità.

Educare al Rispetto degli Altri

Educare i bambini al rispetto degli altri è essenziale per una convivenza armoniosa in spiaggia. Insegnare loro a non fare troppo rumore vicino ad altre persone, a non gettare sabbia e a rispettare gli spazi altrui aiuta a creare un ambiente sereno per tutti.

Dare l'Esempio

I genitori possono dare l'esempio con il loro comportamento. Mostrare rispetto per gli altri bagnanti, salutare i vicini di ombrellone e mantenere un atteggiamento positivo e cortese insegna ai bambini come comportarsi in pubblico. Questo modello di comportamento è spesso più efficace di qualsiasi spiegazione.

Coinvolgere gli Altri Bagnanti

Coinvolgere altri bambini nelle attività di gioco può favorire la socializzazione e ridurre la possibilità di conflitti. Invitare i bambini vicini a unirsi ai giochi non solo rende l'esperienza più divertente per tutti, ma promuove anche l'amicizia e la cooperazione.

Condivisione di Attrezzature e Giochi

Incoraggiare i bambini a condividere i loro giochi e attrezzature con gli altri può creare un senso di comunità. Portare giochi extra e offrirli agli altri bambini in spiaggia è un gesto di generosità che favorisce l'interazione positiva e l'inclusione.

Conclusione

La Famiglia Allegra porta vitalità e gioia alla spiaggia, creando un ambiente dinamico e piacevole. Comprendere i loro comportamenti e il linguaggio del corpo ci aiuta a interagire meglio con loro e a goderci la spiaggia in armonia. Seguendo i consigli su come convivere con i bambini, possiamo contribuire a un'esperienza di spiaggia più serena e gratificante per tutti. Continuando nella lettura, scopriremo altri tipi di persone che rendono la spiaggia un luogo così variegato e interessante.

7. Il Vitellone da Spiaggia

Il Vitellone da Spiaggia è una figura che spicca per il suo atteggiamento spavaldo e il desiderio di essere al centro dell'attenzione. Con il suo stile appariscente e l'atteggiamento sicuro di sé, questo personaggio è un vero e proprio intrattenitore naturale. Ama socializzare e mostrare le proprie abilità, sia in campo sportivo che nelle conversazioni. In questa sezione, esploreremo i comportamenti e il linguaggio del corpo del Vitellone da Spiaggia e analizzeremo le sue caratteristiche tipiche, fornendo suggerimenti su come relazionarsi con lui.

Comportamenti e linguaggio del corpo

Comportamenti Tipici

Il Vitellone da Spiaggia adora essere notato. Che stia giocando a beach volley, mostrando i muscoli o semplicemente camminando lungo la riva, il suo obiettivo è attirare l'attenzione. Ama essere ammirato per il suo fisico, le sue abilità sportive o il suo stile unico. Questa tendenza all'esibizionismo lo porta a cercare continuamente situazioni in cui può mettersi in mostra.

Socializzazione Intensa

Molto socievole, il Vitellone da Spiaggia interagisce facilmente con chiunque. Lo vedrai spesso circondato da un gruppo di amici, ridendo e scherzando ad alta voce. Gli piace fare nuove conoscenze e coinvolgere gli altri nelle sue attività. La sua capacità di rompere il ghiaccio e di far sentire tutti a proprio agio lo rende un leader naturale nei contesti sociali.

Ricerca del Divertimento

Per il Vitellone da Spiaggia, la spiaggia è un luogo di divertimento continuo. Partecipa con entusiasmo a qualsiasi attività ricreativa, dalla partita di pallone al barbecue improvvisato. La sua energia sembra inesauribile e la sua presenza riesce a ravvivare l'atmosfera, creando un ambiente di festa ovunque si trovi.

Linguaggio del Corpo

La postura del Vitellone da Spiaggia è eretta e sicura. Cammina con il petto in fuori e le spalle larghe, dimostrando fiducia in sé stesso. Questo atteggiamento sicuro di sé è parte integrante del suo modo di essere e contribuisce a creare un'immagine di forza e carisma.

Gesti Ampi e Visibili

I gesti del Vitellone da Spiaggia sono ampi e visibili. Utilizza le mani e le braccia per enfatizzare i suoi racconti e per attirare l'attenzione su di sé. Che stia indicando qualcosa, salutando un amico da lontano o esprimendo entusiasmo, i suoi movimenti sono sempre esagerati e pieni di energia.

Espressioni Facciali Animate

Le espressioni facciali del Vitellone da Spiaggia sono animate e spesso esagerate. Ride a crepapelle, mostra sorpresa con occhi spalancati e incita gli amici con espressioni incoraggianti. Queste espressioni vivaci non solo riflettono il suo spirito gioviale, ma rendono anche chiaro il suo desiderio di coinvolgere e intrattenere gli altri.

Caratteristiche tipiche e come relazionarsi

Caratteristiche Tipiche

Una delle caratteristiche distintive del Vitellone da Spiaggia è la vanità. È molto attento al suo aspetto fisico e spesso passa molto tempo a curare il proprio corpo e l'abbigliamento. Indossa occhiali da sole alla moda, costumi da bagno firmati e accessori che attirano l'attenzione. La vanità può renderlo talvolta egocentrico, ma è anche un segno del suo desiderio di essere apprezzato e ammirato.

Competitività

Il Vitellone da Spiaggia è altamente competitivo. Ama le sfide e non perde occasione per dimostrare le sue abilità, sia negli sport che nelle attività sociali. Questa competitività è motivata dal suo bisogno di essere riconosciuto come il migliore e di guadagnare il rispetto degli altri. Sebbene possa sembrare arrogante, questa caratteristica lo rende anche determinato e motivato.

Carisma

Nonostante la sua vanità e competitività, il Vitellone da Spiaggia è anche molto carismatico. La sua energia, il suo entusiasmo e la sua capacità di intrattenere gli altri lo rendono un punto di riferimento nel gruppo. Le persone sono attratte dal suo spirito vivace e dalla sua capacità di rendere ogni situazione divertente e coinvolgente.

Come Relazionarsi

Per relazionarsi con il Vitellone da Spiaggia, è importante mostrare interesse per ciò che fa e per i suoi racconti. Fagli domande sulle sue attività, complimentati per le sue abilità e partecipa alle sue conversazioni. Questo gli farà sentire che è apprezzato e ammirato, soddisfacendo il suo bisogno di attenzione.

Partecipare alle Attività

Un ottimo modo per avvicinarsi al Vitellone da Spiaggia è partecipare alle sue attività. Che si tratti di una partita di beach volley, di una gara di nuoto o di un gioco improvvisato, unirsi a lui mostrerà che condividi il suo spirito di divertimento e competizione. La tua partecipazione attiva rafforzerà il legame e ti permetterà di godere della sua compagnia.

Rispettare il Suo Spazio

Sebbene il Vitellone da Spiaggia ami l'attenzione, è importante rispettare il suo spazio e i suoi momenti di riflessione. Non forzare troppo la conversazione o l'interazione se noti che preferisce stare un po' per conto suo. Rispettare i suoi tempi dimostrerà che apprezzi la sua compagnia senza invadere la sua sfera personale.

Conclusione

Il Vitellone da Spiaggia è un personaggio che porta energia e vivacità alla spiaggia, rendendo ogni momento più interessante e coinvolgente. Comprendere i suoi comportamenti e il linguaggio del corpo ti permetterà di interagire meglio con lui e di godere delle sue qualità positive. Seguendo i consigli su come relazionarsi con lui, potrai instaurare una connessione autentica e arricchente. Continuando nella lettura, scopriremo altri tipi di persone che rendono la spiaggia un luogo così variegato e interessante.

8. Il Nostalgico degli Anni '80

Il Nostalgico degli Anni '80 è una figura affascinante che porta con sé un pezzo del passato sulla spiaggia. Con il suo stile retrò e la passione per la musica, i film e la cultura degli anni '80, questo personaggio rappresenta un legame tangibile con un'epoca passata. La sua presenza è caratterizzata da un'aria di nostalgia e da un desiderio di condividere ricordi e aneddoti del tempo che fu. In questa sezione, esploreremo i comportamenti e il linguaggio del corpo del Nostalgico degli Anni '80 e analizzeremo il fascino retrò e le conversazioni nostalgiche che lo caratterizzano.

Comportamenti e linguaggio del corpo

Comportamenti Tipici

Il Nostalgico degli Anni '80 si distingue immediatamente per il suo abbigliamento retrò. Indossa costumi da bagno in stile vintage, occhiali da sole grandi e colorati, e accessori come bandane e polsini che richiamano l'epoca. Questo stile non è solo una scelta di moda, ma un'espressione del suo amore per gli anni '80.

Ascolto di Musica d'Epoca

Un altro comportamento tipico del Nostalgico degli Anni '80 è l'ascolto di musica dell'epoca. Porta con sé un lettore musicale portatile, spesso con una playlist di classici degli anni '80. La musica non è solo un sottofondo, ma una parte integrante della sua esperienza in spiaggia, che lo accompagna durante tutta la giornata.

Racconti e Aneddoti

Il Nostalgico degli Anni '80 ama raccontare storie e aneddoti del passato. Che si tratti di concerti memorabili, eventi sportivi o semplicemente della vita quotidiana negli anni '80, condivide i suoi ricordi con entusiasmo e passione. Questi racconti sono spesso intrisi di emozioni e dettagli vividi che catturano l'attenzione degli ascoltatori.

Linguaggio del Corpo

La postura del Nostalgico degli Anni '80 è generalmente rilassata e confortevole. Spesso si trova disteso su un asciugamano o seduto comodamente su una sedia a sdraio, con un atteggiamento che trasmette tranquillità e serenità. Questo riflette il suo desiderio di godersi il momento e rivivere i ricordi del passato.

Gesti Espressivi

I gesti del Nostalgico degli Anni '80 sono espressivi e coinvolgenti. Quando racconta storie, usa le mani per enfatizzare i punti chiave e per aggiungere enfasi ai suoi racconti. Questi gesti aiutano a trasmettere l'emozione e la vivacità dei suoi ricordi, rendendo le sue storie ancora più affascinanti.

Espressioni di Nostalgia

Le espressioni facciali del Nostalgico degli Anni '80 spesso riflettono una profonda nostalgia. Un sorriso malinconico, uno sguardo distante o un sospiro possono accompagnare i suoi racconti. Queste espressioni mostrano il suo legame emotivo con il passato e il piacere che prova nel condividere quei momenti con gli altri.

Fascino retrò e conversazioni nostalgiche

Fascino Retrò

Il fascino retrò del Nostalgico degli Anni '80 deriva dalla sua profonda connessione emotiva con il passato. Per lui, gli anni '80 non sono solo un periodo storico, ma un'epoca che ha definito chi è oggi. Questo legame si riflette in ogni aspetto del suo comportamento, dall'abbigliamento alla musica, e crea un'aura di autenticità e passione che è difficile ignorare.

Attrazione per il Vintage

La passione del Nostalgico degli Anni '80 per tutto ciò che è vintage lo rende una figura intrigante. Che si tratti di vecchie fotografie, giocattoli d'epoca o gadget tecnologici degli anni '80, ogni oggetto è una finestra su un mondo passato. Questa attrazione per il vintage non è solo estetica, ma rappresenta un modo per mantenere vivo il ricordo di quegli anni.

Conversazioni Nostalgiche

Le conversazioni nostalgiche del Nostalgico degli Anni '80 sono piene di storie avvincenti e dettagliate. Racconta di eventi storici, momenti personali e icone culturali con una passione che cattura l'attenzione. Ogni storia è raccontata con cura, con un'attenzione ai dettagli che fa sentire gli ascoltatori come se fossero lì con lui.

Condividere Conoscenze

Il Nostalgico degli Anni '80 ama condividere le sue conoscenze sull'epoca. Parla di musica, film, moda e tendenze culturali, offrendo aneddoti e curiosità che arricchiscono le conversazioni. Questo scambio di conoscenze crea un senso di connessione e apprezzamento per il passato, che coinvolge e intrattiene chiunque sia disposto ad ascoltare.

Conclusione

Il Nostalgico degli Anni '80 porta un pezzo di storia sulla spiaggia, arricchendo l'ambiente con il suo fascino retrò e le sue conversazioni nostalgiche. Comprendere i suoi comportamenti e il linguaggio del corpo ti permetterà di apprezzare meglio la sua passione per il passato e di instaurare conversazioni significative. Seguendo i suggerimenti su come relazionarsi con lui, potrai vivere un'esperienza arricchente e nostalgica, scoprendo nuovi aspetti di un'epoca che continua a influenzare il presente. Continuando nella lettura, scopriremo altri tipi di persone che rendono la spiaggia un luogo così variegato e interessante.

9. Il Minimalista Zen

Il Minimalista Zen è una figura che porta con sé un'aura di pace e tranquillità sulla spiaggia. Questa persona è un maestro nell'arte della semplicità e trova gioia nelle piccole cose. Con un approccio alla vita essenziale e privo di fronzoli, il Minimalista Zen crea un ambiente sereno che invita al rilassamento e alla contemplazione. In questa sezione, esploreremo i comportamenti e il linguaggio del corpo del Minimalista Zen e analizzeremo come la sua vita semplice si traduce in un relax totale in spiaggia.

Comportamenti e linguaggio del corpo

Comportamenti Tipici

Il Minimalista Zen arriva in spiaggia con il minimo indispensabile. Un asciugamano, una bottiglia d'acqua e forse un libro sono tutto ciò che porta con sé. Evita le attrezzature ingombranti e i gadget inutili, preferendo concentrarsi sulle esperienze e sulle sensazioni piuttosto che sugli oggetti materiali.

Routine di Meditazione

Una delle attività tipiche del Minimalista Zen è la meditazione. Spesso lo si vede seduto in posizione di loto, con gli occhi chiusi, concentrato sulla respirazione e sul momento presente. Questa pratica quotidiana di mindfulness gli permette di connettersi profondamente con l'ambiente naturale e di trovare un senso di pace interiore.

Connessione con la Natura

Il Minimalista Zen ama camminare lungo la riva, sentire la sabbia sotto i piedi e ascoltare il suono delle onde. Questa connessione con la natura è una parte fondamentale della sua routine. Trova gioia e tranquillità nell'osservare il mare, il cielo e le piccole creature che popolano la spiaggia.

Linguaggio del Corpo

La postura del Minimalista Zen è rilassata e naturale. Che sia seduto, sdraiato o in piedi, il suo corpo appare sempre a proprio agio e in armonia con l'ambiente circostante. Evita movimenti bruschi e mantiene una compostezza che riflette il suo stato di serenità interiore.

Movimenti Lenti e Consapevoli

I movimenti del Minimalista Zen sono lenti e consapevoli. Ogni gesto, dalla sistemazione dell'asciugamano alla sorseggiata d'acqua, è eseguito con attenzione e calma. Questa lentezza deliberata è un segno del suo desiderio di vivere pienamente ogni momento, senza fretta.

Espressioni Pacate

Le espressioni facciali del Minimalista Zen sono pacate e serene. Sorride spesso, ma il suo sorriso è tranquillo e sincero, non eccessivamente esuberante. Gli occhi sono rilassati, trasmettendo una sensazione di pace e contento. Questa espressione serena è contagiosa e crea un'atmosfera di calma attorno a lui.

Vita semplice e relax totale

Minimalismo nel Quotidiano

Il Minimalista Zen applica il principio del minimalismo in ogni aspetto della sua vita. Questo significa ridurre il superfluo e concentrarsi solo su ciò che è essenziale. In spiaggia, questo si traduce nel portare con sé solo l'essenziale: un telo, una bottiglia d'acqua e forse un libro. Evita oggetti che distraggono o complicano la giornata, preferendo vivere un'esperienza autentica e pura.

Apprezzamento delle Piccole Cose

Vivere in modo semplice significa anche apprezzare le piccole cose. Il Minimalista Zen trova gioia nelle sensazioni tattili della sabbia, nel suono rilassante delle onde e nel calore del sole sulla pelle. Questo approccio gli permette di godere appieno del momento presente e di trovare felicità nelle esperienze più semplici.

Tecniche di Relax Totale

Una delle tecniche principali utilizzate dal Minimalista Zen per raggiungere il relax totale è la mindfulness. Questa pratica consiste nel concentrarsi completamente sul momento presente, osservando i propri pensieri e sensazioni senza giudizio. In spiaggia, può meditare ascoltando il suono delle onde o concentrandosi sulla propria respirazione, creando un profondo senso di pace interiore.

Yoga e Stretching

Il Minimalista Zen spesso pratica yoga o stretching sulla spiaggia. Questi esercizi fisici non solo mantengono il corpo in forma, ma aiutano anche a liberare la mente e a rilassarsi. Le posizioni di yoga, eseguite lentamente e con consapevolezza, favoriscono il rilassamento muscolare e la calma mentale, contribuendo a un benessere generale.

Conclusione

Il Minimalista Zen rappresenta l'essenza della semplicità e della serenità in spiaggia. I suoi comportamenti e il linguaggio del corpo riflettono un profondo rispetto per la natura e un impegno verso una vita priva di complicazioni inutili. Comprendere il suo approccio alla vita e seguire i suoi consigli può aiutarci a raggiungere un livello di relax totale e di apprezzamento per le piccole cose. Continuando nella lettura, scopriremo altri tipi di persone che rendono la spiaggia un luogo così variegato e interessante.

10. Il Party Animal

Il Party Animal è l'anima della festa sulla spiaggia. Con la sua energia contagiosa e il desiderio incessante di divertimento, trasforma ogni momento in un'occasione per festeggiare. Questo personaggio è sempre alla ricerca di nuove avventure e modi per coinvolgere gli altri in un'atmosfera di gioia e celebrazione. In questa sezione, esploreremo i comportamenti e il linguaggio del corpo del Party Animal e analizzeremo come riesce sempre a trovare divertimento ovunque vada.

Comportamenti e linguaggio del corpo

Comportamenti Tipici

Il Party Animal è il maestro nell'organizzare feste e raduni. Arriva in spiaggia con una borsa piena di attrezzature per il divertimento: altoparlanti portatili, frisbee, palloni da beach volley, e persino decorazioni per creare l'atmosfera giusta. La sua abilità nel radunare le persone e avviare attività di gruppo lo rende un vero catalizzatore di energia.

Socializzazione Intensa

La socializzazione è il cuore dell'attività del Party Animal. Ama conoscere nuove persone e fa amicizia facilmente. Lo vedrai saltare da un gruppo all'altro, scambiando battute, raccontando storie e invitando tutti a partecipare alle sue attività. La sua apertura e il suo entusiasmo sono irresistibili, e riesce a mettere a proprio agio chiunque incontri.

Giochi e Competizioni

Il Party Animal adora i giochi e le competizioni amichevoli. Organizza tornei di beach volley, gare di nuoto, partite di frisbee e altri giochi che coinvolgono più persone possibile. Per lui, ogni gioco è un'opportunità per creare legami e divertirsi insieme agli altri.

Linguaggio del Corpo

La postura del Party Animal è energica e aperta. Si muove con vivacità, spesso saltellando o ballando anche senza musica. Il suo corpo è sempre in movimento, dimostrando la sua instancabile voglia di divertirsi. Mantiene una postura eretta e le braccia aperte, invitando gli altri a unirsi a lui.

Gesti Ampi e Coinvolgenti

I gesti del Party Animal sono ampi e coinvolgenti. Utilizza le mani per enfatizzare i suoi racconti, batte le mani per incitare il gruppo e abbraccia spesso gli amici per dimostrare affetto. Questi gesti amplificano la sua presenza e attirano l'attenzione, rendendolo il centro della festa.

Espressioni Facciali Vivaci

Le espressioni facciali del Party Animal sono vivaci e spesso esagerate. Sorride costantemente, ride forte e mostra una vasta gamma di emozioni che riflettono il suo entusiasmo. I suoi occhi brillano di eccitazione e il suo volto trasmette pura gioia, rendendo chiaro a tutti quanto si stia divertendo.

Sempre in cerca di divertimento

Iniziative Spontanee

Il Party Animal è un maestro dell'improvvisazione. Non ha bisogno di piani dettagliati per divertirsi; trova opportunità di festa in qualsiasi situazione. Che si tratti di organizzare un ballo spontaneo sulla sabbia o di iniziare un gioco di gruppo improvvisato, sa come trasformare un momento ordinario in qualcosa di speciale e divertente.

Adattabilità

La capacità di adattarsi è una delle sue maggiori forze. Il Party Animal può trasformare qualsiasi contesto in una festa, adattando le sue iniziative al gruppo e alle circostanze. Se la musica è troppo bassa, inizierà a cantare; se il sole tramonta, accenderà delle torce o userà le luci dei telefoni per continuare il divertimento. Questa flessibilità gli permette di mantenere sempre alto il morale e l'entusiasmo.

Creazione di Atmosfera

La musica è un elemento essenziale per il Party Animal. Porta sempre con sé un altoparlante portatile per diffondere le sue playlist preferite. La scelta della musica è fondamentale: brani allegri e ritmati che invitano a ballare e a divertirsi. La musica aiuta a creare l'atmosfera giusta e a coinvolgere tutti i presenti.

Coinvolgimento del Gruppo

Il Party Animal sa come coinvolgere il gruppo e far sentire tutti parte della festa. Incoraggia la partecipazione attiva, invita le persone a ballare, a cantare e a giocare insieme. La sua energia positiva è contagiosa e ispira gli altri a lasciarsi andare e a godersi il momento. Questo senso di comunità e condivisione è ciò che rende le sue feste memorabili.

Conclusione

Il Party Animal è il cuore pulsante del divertimento sulla spiaggia. Con la sua energia inesauribile, la sua capacità di socializzare e la sua abilità nell'organizzare feste, crea un'atmosfera di gioia e celebrazione che coinvolge tutti. Comprendere i suoi comportamenti e il linguaggio del corpo ti permetterà di apprezzare meglio il suo spirito festoso e di unirti a lui nelle sue avventure. Seguendo i suoi esempi, potrai vivere momenti indimenticabili e scoprire nuovi modi di divertirti in spiaggia. Continuando nella lettura, scopriremo altri tipi di persone che rendono la spiaggia un luogo così variegato e interessante.

11. Il Cultore del Benessere

Il Cultore del Benessere è una figura che porta un approccio olistico alla spiaggia. Con un forte impegno per la salute e il benessere, questa persona integra attività fisiche, pratiche di meditazione e una dieta sana nella sua giornata al mare. La sua presenza è un invito a prendersi cura di sé e a sfruttare l'ambiente naturale per migliorare la propria condizione fisica e mentale. In questa sezione, esploreremo i comportamenti e il linguaggio del corpo del Cultore del Benessere e analizzeremo come il fitness, lo yoga e la salute giocano un ruolo centrale nella sua routine in spiaggia.

Comportamenti e linguaggio del corpo

Comportamenti Tipici

Il Cultore del Benessere inizia la sua giornata in spiaggia con una sessione di esercizi fisici. Che si tratti di una corsa lungo la riva, una serie di esercizi a corpo libero o una lezione di yoga, è sempre impegnato a mantenere il proprio corpo in forma. Porta con sé tappetini da yoga, bande elastiche e altri attrezzi leggeri che facilitano il suo allenamento.

Alimentazione Sana

Anche la dieta è una parte fondamentale della routine del Cultore del Benessere. Porta sempre con sé snack sani come frutta fresca, noci e barrette energetiche. Beve molta acqua e preferisce bevande naturali come tè verde o succhi di frutta. Evita cibi processati e bevande zuccherate, concentrandosi su alimenti che nutrono il corpo e supportano il suo stile di vita attivo.

Momenti di Meditazione

Oltre all'attività fisica, il Cultore del Benessere dedica del tempo alla meditazione. Trova un angolo tranquillo della spiaggia dove può sedersi in silenzio, concentrarsi sulla respirazione e praticare la mindfulness. Questi momenti di tranquillità sono essenziali per riequilibrare la mente e ridurre lo stress.

Linguaggio del Corpo

La postura del Cultore del Benessere è eretta e ben allineata. Durante gli esercizi, mantiene una forma corretta per prevenire infortuni e massimizzare i benefici dell'allenamento. Anche quando è seduto o sdraiato, presta attenzione alla sua postura, cercando di mantenere la schiena dritta e i muscoli rilassati.

Movimenti Fluidi e Controllati

I movimenti del Cultore del Benessere sono fluidi e controllati. Che stia facendo stretching, yoga o semplicemente camminando lungo la spiaggia, ogni movimento è eseguito con consapevolezza e precisione. Questa attenzione al movimento riflette il suo impegno per la pratica fisica e la cura del corpo.

Espressioni di Concentrazione e Serenità

Le espressioni facciali del Cultore del Benessere sono generalmente calme e concentrate. Durante l'attività fisica, può mostrare determinazione e impegno, mentre durante la meditazione, il suo volto appare sereno e rilassato. Queste espressioni trasmettono un senso di pace interiore e benessere.

Fitness, yoga e salute in spiaggia

Fitness in Spiaggia

Il Cultore del Benessere sfrutta la spiaggia come palestra naturale. Esercizi come squat, affondi, flessioni e plank sono parte della sua routine quotidiana. La sabbia fornisce una superficie instabile che intensifica l'allenamento, migliorando l'equilibrio e la forza muscolare. Inoltre, la resistenza aggiuntiva della sabbia rende ogni movimento più impegnativo e benefico.

Corsa sulla Sabbia

Correre sulla sabbia è un altro componente chiave del fitness del Cultore del Benessere. Questo tipo di allenamento cardio è più impegnativo rispetto alla corsa su superfici dure, poiché richiede maggiore sforzo muscolare e cardiovascolare. La resistenza della sabbia aiuta a migliorare la forza delle gambe e la stabilità delle caviglie, offrendo un workout completo e intenso.

Yoga e Meditazione

Lo yoga è una pratica centrale nella routine del Cultore del Benessere. La spiaggia offre un ambiente perfetto per le sessioni di yoga, con il suono rilassante delle onde e l'aria fresca del mare. Le pose di yoga, o asana, aiutano a migliorare la flessibilità, la forza e l'equilibrio. Eseguite sulla sabbia, queste pose diventano ancora più efficaci grazie alla superficie instabile che richiede un maggiore controllo del corpo.

Meditazione e Mindfulness

La meditazione è un altro elemento essenziale per il Cultore del Benessere. Praticare la mindfulness sulla spiaggia aiuta a ridurre lo stress e a migliorare la concentrazione. Seduto in una posizione confortevole, con gli occhi chiusi e le mani posate sulle ginocchia, il Cultore del Benessere si concentra sulla respirazione, osservando i pensieri e le sensazioni senza giudicarli. Questo stato di presenza mentale favorisce un profondo senso di calma e benessere.

Conclusione

Il Cultore del Benessere trasforma la spiaggia in un'oasi di salute e serenità. I suoi comportamenti e il linguaggio del corpo riflettono un impegno costante per il benessere fisico e mentale. Integrando fitness, yoga e pratiche di meditazione nella sua routine quotidiana, dimostra che è possibile mantenere uno stile di vita sano e equilibrato anche in vacanza. Seguendo i suoi esempi, possiamo imparare a prendersi cura di noi stessi in modo completo e armonioso. Continuando nella lettura, scopriremo altri tipi di persone che rendono la spiaggia un luogo così variegato e interessante.

12. Il Pesce Fuori d'Acqua

Il Pesce Fuori d'Acqua è una figura che si distingue per il suo disagio e la sua difficoltà a sentirsi a proprio agio in spiaggia. Questa persona può essere facilmente individuata per il suo comportamento riservato e le sue espressioni nervose. In questa sezione, esploreremo i comportamenti e il linguaggio del corpo del Pesce Fuori d'Acqua e forniremo consigli su come riconoscerlo e aiutarlo a sentirsi più a suo agio.

Comportamenti e linguaggio del corpo

Comportamenti Tipici

Il Pesce Fuori d'Acqua tende a isolarsi dagli altri bagnanti. Preferisce trovare un posto lontano dalla folla, magari vicino alla vegetazione o a un'area meno frequentata della spiaggia. Questo comportamento riflette il suo desiderio di evitare l'attenzione e il disagio che prova in ambienti affollati.

Movimenti Incerti

I movimenti del Pesce Fuori d'Acqua sono spesso incerti e nervosi. Può essere visto spostarsi frequentemente da una posizione all'altra, aggiustare ripetutamente il proprio asciugamano o cercare di coprirsi il più possibile. Questi movimenti riflettono la sua insicurezza e il tentativo di trovare una posizione confortevole.

Interazioni Limitate

Quando interagisce con gli altri, il Pesce Fuori d'Acqua tende a essere riservato e a parlare poco. Evita il contatto visivo prolungato e mantiene le conversazioni brevi e superficiali. Questo comportamento è un segnale del suo disagio e della difficoltà a socializzare in quel contesto.

Linguaggio del Corpo

La postura del Pesce Fuori d'Acqua è spesso chiusa e protettiva. Si può vedere seduto con le braccia incrociate o le gambe piegate verso il petto, cercando di occupare il meno spazio possibile. Questa postura riflette il suo bisogno di protezione e la sua difficoltà a rilassarsi.

Espressioni Nervose

Le espressioni facciali del Pesce Fuori d'Acqua sono generalmente tese e preoccupate. Può mordicchiarsi le labbra, corrugare la fronte o guardarsi intorno con un'aria inquieta. Questi segnali rivelano il suo disagio e la difficoltà a sentirsi a proprio agio nell'ambiente circostante.

Gesti Ripetitivi

I gesti del Pesce Fuori d'Acqua sono spesso ripetitivi e compulsivi. Può aggiustare continuamente gli occhiali da sole, spostare la sabbia con i piedi o giocherellare con oggetti personali. Questi gesti riflettono il suo stato di ansia e la necessità di trovare conforto attraverso movimenti familiari.

Come riconoscere e aiutare chi non si sente a proprio agio

Riconoscere i Segnali di Disagio

Per riconoscere un Pesce Fuori d'Acqua, è importante prestare attenzione al linguaggio del corpo. Cerca segni di postura chiusa, gesti nervosi e movimenti incerti. Questi segnali indicano che la persona potrebbe non sentirsi a proprio agio e avere bisogno di supporto.

Notare le Interazioni Sociali

Un altro modo per riconoscere il Pesce Fuori d'Acqua è osservare come interagisce con gli altri. Se la persona evita il contatto visivo, partecipa poco alle conversazioni e tende a isolarsi, è probabile che stia sperimentando disagio. Prendere nota di queste interazioni può aiutarti a identificare chi potrebbe aver bisogno di un aiuto per sentirsi più integrato.

Offrire Supporto e Conforto

Quando decidi di offrire supporto, è importante avvicinarsi con discrezione e rispetto. Inizia con un sorriso amichevole e un saluto gentile, cercando di non invadere lo spazio personale della persona. Un approccio delicato può aiutare a mettere a proprio agio il Pesce Fuori d'Acqua e a creare un'atmosfera di sicurezza.

Offrire un'Orecchio Ascoltante

Una delle cose più utili che puoi fare è offrire un orecchio ascoltante. Chiedi come si sente e ascolta con attenzione le sue risposte. Evita di giudicare o di offrire consigli non richiesti; invece, mostra empatia e comprensione. Far sapere alla persona che c'è qualcuno disposto ad ascoltare può fare una grande differenza nel suo livello di comfort.

Invitare a Partecipare

Invita gentilmente il Pesce Fuori d'Acqua a partecipare a un'attività semplice e non minacciosa. Può essere una passeggiata lungo la riva, una partita di frisbee o semplicemente sedersi insieme per chiacchierare.

L'invito dovrebbe essere casuale e senza pressioni, permettendo alla persona di accettare o rifiutare senza sentirsi a disagio.

Conclusione

Il Pesce Fuori d'Acqua è una figura che può facilmente passare inosservata, ma che può beneficiare enormemente di un po' di supporto e comprensione. Riconoscere i suoi comportamenti e il linguaggio del corpo è il primo passo per aiutarlo a sentirsi più a proprio agio. Offrendo un avvicinamento discreto, un orecchio ascoltante e un invito amichevole, puoi contribuire a migliorare la sua esperienza in spiaggia e a renderla più piacevole. Continuando nella lettura, scopriremo altri tipi di persone che rendono la spiaggia un luogo così variegato e interessante.

13. Le Comari

Le Comari sono le pettegole della spiaggia, sempre alla ricerca di nuove storie e dettagli succosi da discutere. Con un occhio attento e una mente curiosa, osservano tutto e tutti, scambiandosi confidenze e commenti sugli avvenimenti del giorno. La loro presenza aggiunge un tocco di vivacità e intrigo alla spiaggia, trasformandola in un microcosmo di storie e segreti. In questa sezione, esploreremo i comportamenti e il linguaggio del corpo delle Comari e forniremo suggerimenti su come interagire con loro senza cadere nella rete dei pettegolezzi.

Comportamenti e linguaggio del corpo

Comportamenti Tipici

Le Comari trascorrono gran parte del tempo a osservare le persone intorno a loro. Sedute comodamente sotto l'ombrellone, con occhiali da sole che nascondono lo sguardo indagatore, scrutano ogni movimento e ascoltano con attenzione frammenti di conversazione. Nulla sfugge al loro occhio vigile, dai nuovi arrivati in spiaggia alle interazioni tra conoscenti.

Discussione Costante

Una caratteristica distintiva delle Comari è la discussione costante. Parlano tra di loro in toni sommessi ma incessanti, scambiandosi informazioni e opinioni su ciò che vedono. Queste conversazioni spesso includono speculazioni su relazioni amorose, commenti sul look degli altri bagnanti e storie di vita personale che riescono a cogliere.

Rete di Connessioni

Le Comari sono ben connesse con altri bagnanti abituali. Hanno una rete di amici e conoscenti con cui scambiano notizie e pettegolezzi. Questo scambio di informazioni non si limita solo alla spiaggia, ma si estende spesso alle attività quotidiane, rendendole un nodo centrale di comunicazione sociale.

Linguaggio del Corpo

Le Comari tendono a mantenere una postura protettiva ma aperta. Spesso sono sedute vicine, con i corpi leggermente inclinati verso l'interno per facilitare la conversazione privata. Tuttavia, il loro linguaggio del corpo è anche aperto e accogliente, pronto a coinvolgere nuove persone nelle loro discussioni.

Gesti Indiretti

I gesti delle Comari sono spesso indiretti e discreti. Indicano persone o eventi con cenni del capo o movimenti sottili della mano, evitando di attirare troppo l'attenzione su di sé. Questo modo di gesticolare permette loro di parlare degli altri senza essere troppo evidenti.

Espressioni Curiose e Giocose

Le espressioni facciali delle Comari sono curiose e spesso giocose. Un sorriso complice, uno sguardo di intesa o un sopracciglio sollevato sono segnali frequenti durante le loro conversazioni. Queste espressioni rivelano il piacere che trovano nello scambio di pettegolezzi e nella scoperta di nuove storie.

Come interagire con le Comari senza cadere nei pettegolezzi

Riconoscere i Segnali di Pettegolezzo

Per interagire con le Comari senza essere coinvolti nei pettegolezzi, è importante ascoltare attentamente. Riconosci quando la conversazione si sposta verso il pettegolezzo e decidi in anticipo quanto vuoi partecipare. Essere consapevoli dei temi trattati ti aiuterà a mantenere il controllo sulla conversazione.

Mantenere la Riservatezza

Evita di condividere informazioni personali o di terze persone con le Comari. Mantieni le tue risposte generiche e neutre, mostrando interesse per la conversazione senza fornire dettagli che potrebbero alimentare ulteriori pettegolezzi. Questo approccio ti permetterà di partecipare alle discussioni senza compromettere la tua privacy o quella degli altri.

Gestire le Conversazioni

Una strategia efficace per interagire con le Comari è orientare il dialogo su temi positivi e innocui. Parla del tempo, di eventi locali o di argomenti di interesse comune che non coinvolgano persone specifiche. Questo non solo riduce il rischio di pettegolezzi, ma contribuisce a creare un ambiente di conversazione più piacevole e costruttivo.

Stabilire Limiti Chiari

Se ti trovi in una situazione in cui la conversazione diventa troppo personale o scomoda, stabilisci dei limiti chiari. Puoi farlo gentilmente ma fermamente, cambiando argomento o spiegando che preferisci non discutere di certe questioni. Questo dimostra rispetto per te stesso e per gli altri, e può aiutare a mantenere un rapporto positivo con le Comari senza entrare nel loro gioco.

Conclusione

Le Comari aggiungono un tocco di intrigo e dinamismo alla spiaggia, creando un microcosmo di storie e confidenze. Comprendere i loro comportamenti e il linguaggio del corpo può aiutarti a navigare le loro conversazioni con grazia e intelligenza. Seguendo i consigli su come interagire con loro, potrai partecipare alle discussioni senza cadere nei pettegolezzi e mantenere un equilibrio tra socializzazione e riservatezza. Continuando nella lettura, scopriremo altri tipi di persone che rendono la spiaggia un luogo così variegato e interessante.

CAPITOLO 3: LINGUAGGIO DEL CORPO IN SPIAGGIA

Il linguaggio del corpo è una componente fondamentale della comunicazione umana, spesso più potente delle parole stesse. In spiaggia, questo linguaggio si manifesta in modi particolari, influenzati dall'ambiente rilassato e informale. Osservare e interpretare il linguaggio del corpo può offrirci preziose intuizioni sulle intenzioni, le emozioni e le personalità delle persone intorno a noi. In questo capitolo, esploreremo i vari aspetti del linguaggio del corpo in spiaggia, scoprendo come gesti, posture ed espressioni facciali rivelino molto di più di quanto possiamo immaginare. Attraverso questa guida, impareremo a riconoscere e comprendere meglio questi segnali non verbali, arricchendo le nostre interazioni e aumentando la nostra consapevolezza sociale.

Gestualità Comune

La gestualità comune in spiaggia offre una ricca gamma di segnali non verbali che riflettono lo stato d'animo e le intenzioni delle persone. I movimenti delle mani e delle braccia, così come le posture rilassate o tese, sono indicatori chiave di come ci sentiamo e interagiamo con l'ambiente circostante. In questa sezione, esploreremo questi aspetti per comprendere meglio il linguaggio del corpo in un contesto balneare.

Movimenti delle mani e delle braccia

Gesti Amichevoli

I gesti amichevoli con le mani e le braccia sono comuni in spiaggia, dove l'atmosfera è rilassata e sociale. Un saluto con la mano, un cenno o un battito di mani per attirare l'attenzione sono segnali di apertura e disponibilità. Questi movimenti indicano che la persona è socievole e aperta a interazioni positive.

Quando vediamo qualcuno agitare la mano in segno di saluto o invitare altri a unirsi con un gesto ampio, possiamo interpretare questi segnali come inviti a socializzare. Sono gesti che esprimono accoglienza e desiderio di connessione, fondamentali per creare un ambiente amichevole in spiaggia.

Gesti Nervosi o Difensivi

I gesti nervosi o difensivi con le mani e le braccia possono rivelare disagio o tensione. Giocare con la sabbia, torcersi le mani, o incrociare le braccia sono indicatori comuni di nervosismo o di un tentativo di proteggersi. Questi gesti possono suggerire che la persona non si sente completamente a proprio agio o che è preoccupata per qualcosa.

Per esempio, una persona che continua a sistemare il proprio asciugamano o a strofinarsi le mani potrebbe essere nervosa per l'ambiente nuovo o per la presenza di persone sconosciute. Riconoscere questi segnali ci permette di comprendere meglio lo stato emotivo degli altri e di adattare il nostro comportamento di conseguenza, magari offrendo rassicurazioni o spazio per sentirsi più a proprio agio.

Posture rilassate e tese

Posture Rilassate

Le posture rilassate sono facilmente riconoscibili in spiaggia e indicano uno stato di comfort e tranquillità. Una persona sdraiata comodamente su un lettino, con le braccia distese e le gambe leggermente aperte, trasmette un senso di rilassamento e benessere. Anche sedersi con le gambe distese e il busto appoggiato su un braccio mostra una postura aperta e serena.

Queste posture rilassate suggeriscono che la persona è a proprio agio nell'ambiente e aperta alle interazioni. La posizione aperta del corpo invita gli altri ad avvicinarsi e interagire, creando un'atmosfera di relax e accoglienza. In spiaggia, le posture rilassate sono un segno che il luogo è percepito come sicuro e piacevole.

Posture Tese

Le posture tese, al contrario, indicano disagio o tensione. Una persona seduta con le braccia incrociate sul petto, le spalle sollevate e il corpo inclinato in avanti può sembrare sulla difensiva o preoccupata. Anche stare seduti con le gambe strette e le mani serrate indica uno stato di tensione.

Queste posture mostrano che la persona potrebbe sentirsi minacciata o insicura. È importante notare questi segnali e considerare modi per alleviare il disagio, come offrire una conversazione rassicurante o creare uno spazio più confortevole. Riconoscere e comprendere le posture tese ci aiuta a migliorare le nostre interazioni e a promuovere un ambiente più rilassato e amichevole.

Conclusione

Osservare la gestualità comune in spiaggia, attraverso i movimenti delle mani e delle braccia e le posture rilassate o tese, ci offre una comprensione più profonda delle dinamiche sociali e degli stati emotivi delle persone intorno a noi. Essere consapevoli di questi segnali non verbali ci permette di interagire in modo più efficace e rispettoso, contribuendo a creare un'atmosfera piacevole e inclusiva. Continuando nella lettura, esploreremo ulteriori aspetti del linguaggio del corpo che arricchiscono la nostra esperienza in spiaggia e migliorano le nostre capacità di comunicazione non verbale.

Espressioni Facciali

Le espressioni facciali sono uno dei principali indicatori delle nostre emozioni e intenzioni. In spiaggia, dove l'atmosfera è spesso rilassata e informale, queste espressioni possono rivelare molto su come ci sentiamo e su come ci relazioniamo con gli altri. In questa sezione, esploreremo due aspetti fondamentali delle espressioni facciali: i sorrisi genuini contro i sorrisi sociali e l'importanza degli occhi e degli sguardi.

Sorrisi genuini vs. sorrisi sociali

Sorrisi Genuini

I sorrisi genuini, noti anche come sorrisi di Duchenne, coinvolgono i muscoli intorno agli occhi e alla bocca. Questi sorrisi sono spontanei e riflettono un'autentica emozione di felicità o piacere. In spiaggia, i sorrisi genuini sono facilmente riconoscibili durante momenti di autentico divertimento, come giocare a beach volley, condividere una risata con gli amici o semplicemente godersi il sole.

Un sorriso genuino è caratterizzato da rughe intorno agli occhi, una leggera contrazione delle guance e una bocca aperta o chiusa che si curva naturalmente verso l'alto. Questi sorrisi trasmettono calore e accoglienza, rendendo chi li osserva più incline a percepire la persona come sincera e amichevole. In spiaggia, i sorrisi genuini possono contribuire a creare un ambiente di convivialità e benessere.

Sorrisi Sociali

I sorrisi sociali, invece, sono spesso utilizzati per cortesia o per rispettare le convenzioni sociali. Questi sorrisi coinvolgono principalmente i muscoli della bocca e sono meno intensi dei sorrisi genuini. In spiaggia, i sorrisi sociali possono essere visti quando le persone salutano conoscenti, ringraziano qualcuno o cercano di evitare situazioni imbarazzanti.

Un sorriso sociale può apparire meno coinvolto, con la bocca che si curva verso l'alto senza coinvolgere gli occhi. Questi sorrisi servono a mantenere la cordialità e a facilitare le interazioni sociali, ma non sempre riflettono un'emozione profonda. Riconoscere la differenza tra un sorriso genuino e uno sociale può aiutare a comprendere meglio le intenzioni e le emozioni delle persone con cui interagiamo.

Occhi e sguardi

Contatto Visivo

Il contatto visivo è un potente strumento di comunicazione non verbale. In spiaggia, mantenere il contatto visivo durante una conversazione indica interesse e attenzione. Gli occhi sono spesso descritti come "lo specchio dell'anima" perché possono rivelare emozioni sincere e profondamente sentite.

Un contatto visivo diretto e prolungato può trasmettere sicurezza e trasparenza, mentre evitare lo sguardo può indicare disagio, timidezza o disinteresse. In spiaggia, dove le interazioni sono spesso più informali, un contatto visivo amichevole e aperto può aiutare a stabilire connessioni positive e a creare un senso di fiducia reciproca.

Espressività degli Occhi

Gli occhi sono estremamente espressivi e possono comunicare una vasta gamma di emozioni senza bisogno di parole. In spiaggia, osservare le espressioni degli occhi può rivelare molto su come una persona si sente. Occhi che brillano di entusiasmo o che si restringono leggermente durante un sorriso genuino indicano felicità e coinvolgimento.

Al contrario, occhi che si muovono rapidamente o che evitano il contatto visivo possono suggerire ansia o disinteresse. Occhi socchiusi o sguardi lunghi e contemplativi possono indicare rilassamento e riflessione. Comprendere queste sfumature può migliorare la nostra capacità di leggere le emozioni degli altri e rispondere in modo appropriato alle loro esigenze e sentimenti.

Conclusione

Le espressioni facciali, e in particolare i sorrisi e gli sguardi, giocano un ruolo cruciale nella comunicazione non verbale in spiaggia. Riconoscere la differenza tra sorrisi genuini e sociali, così come interpretare il contatto visivo e le espressioni degli occhi, ci permette di comprendere meglio le emozioni e le intenzioni delle persone intorno a noi. Questo ci aiuta a interagire in modo più empatico ed efficace, arricchendo la nostra esperienza di socializzazione e connessione in un ambiente rilassato e informale. Continuando nella lettura, esploreremo ulteriori aspetti del linguaggio del corpo che contribuiscono a una comprensione più completa delle dinamiche sociali in spiaggia.

Prossimità e Distanza

La prossimità e la distanza giocano un ruolo cruciale nelle interazioni sociali, specialmente in un ambiente aperto e condiviso come la spiaggia. Comprendere come gestire lo spazio personale e le interazioni sociali può migliorare significativamente le nostre relazioni con gli altri, rendendo le nostre esperienze più piacevoli e rispettose. In questa sezione, esploreremo il concetto di spazio personale e come mantenere il giusto equilibrio nelle interazioni sociali in spiaggia.

Spazio personale e interazioni sociali

Spazio Personale

Lo spazio personale è l'area che circonda una persona, entro la quale si sente a proprio agio e protetta. In spiaggia, questo spazio può variare a seconda delle circostanze e delle preferenze individuali. Rispetto allo spazio personale è fondamentale per evitare sensazioni di invasione e disagio.

In un contesto informale come la spiaggia, il rispetto dello spazio personale diventa ancora più importante. Ad esempio, mantenere una distanza appropriata quando si piazza il proprio ombrellone o asciugamano è un segno di considerazione per gli altri bagnanti. Anche durante le conversazioni, avvicinarsi troppo può essere percepito come invasivo, mentre mantenere una distanza rispettosa favorisce una comunicazione più confortevole.

Interazioni Sociali

Le interazioni sociali in spiaggia variano da incontri casuali a conversazioni più approfondite. Il modo in cui gestiamo la distanza durante queste interazioni può influenzare significativamente la qualità delle nostre relazioni. Ad esempio, quando si chiacchiera con un nuovo conoscente, è consigliabile mantenere una distanza moderata fino a quando non si stabilisce una maggiore familiarità.

Durante le attività di gruppo, come giocare a beach volley o fare una passeggiata lungo la riva, la prossimità tende a diminuire naturalmente. Tuttavia, è importante essere sensibili ai segnali non verbali degli altri per assicurarsi che tutti si sentano a proprio agio. Prestare attenzione alla posizione del corpo, ai gesti e alle espressioni facciali può aiutare a capire quando è il momento di rispettare maggiormente lo spazio personale.

Come mantenere il giusto equilibrio

Osservare i Segnali Non Verbali

Uno dei modi più efficaci per mantenere il giusto equilibrio tra prossimità e distanza è osservare attentamente i segnali non verbali degli altri. Questi segnali includono la postura, i movimenti del corpo, le espressioni facciali e il contatto visivo. Ad esempio, se una persona si allontana leggermente o incrocia le braccia, potrebbe indicare che si sente a disagio con la vicinanza.

D'altra parte, segnali come un contatto visivo prolungato, un sorriso aperto e una postura rilassata suggeriscono che la persona è a proprio agio e aperta all'interazione. Regolare la propria posizione e comportamento in base a questi segnali può aiutare a mantenere interazioni sociali armoniose e rispettose.

Adattare la Distanza alle Situazioni

La distanza appropriata può variare a seconda delle situazioni e delle persone coinvolte. In una conversazione amichevole con qualcuno che conosci bene, è naturale essere più vicini. Tuttavia, in interazioni con sconosciuti o in contesti più formali, mantenere una distanza maggiore è spesso più appropriato.

In spiaggia, è utile essere flessibili e adattarsi alle circostanze. Durante un gioco di gruppo, la prossimità è spesso necessaria e ben accetta. Tuttavia, quando si riposa sotto l'ombrellone o si legge un libro, le persone generalmente preferiscono avere più spazio personale. Riconoscere queste dinamiche e adattarsi di conseguenza aiuta a mantenere il giusto equilibrio e a rispettare le esigenze degli altri.

Conclusione

La gestione della prossimità e della distanza è essenziale per interazioni sociali positive e rispettose in spiaggia. Riconoscere e rispettare lo spazio personale degli altri, osservare i segnali non verbali e adattare la distanza alle situazioni specifiche sono tutte competenze chiave per mantenere il giusto equilibrio. Queste abilità non solo migliorano le nostre relazioni, ma contribuiscono anche a creare un ambiente di spiaggia più armonioso e piacevole per tutti. Continuando nella lettura, esploreremo ulteriori aspetti del linguaggio del corpo che arricchiscono la nostra comprensione delle dinamiche sociali in spiaggia.

CAPITOLO 4: TEST E VALUTAZIONI

In questo capitolo, ci addentreremo nel mondo dei test e delle valutazioni, strumenti preziosi per comprendere meglio noi stessi e gli altri. Attraverso una serie di test di personalità e di osservazione, avrai l'opportunità di scoprire quale "Tipo da Spiaggia" ti rappresenta di più e imparare a riconoscere le caratteristiche degli altri bagnanti. Questi test sono pensati per essere divertenti e istruttivi, aiutandoti a migliorare le tue interazioni sociali e a vivere l'esperienza della spiaggia in modo più consapevole e appagante. Preparati a esplorare il tuo profilo comportamentale e a scoprire nuovi aspetti delle dinamiche sociali che animano le giornate al mare.

Che Tipo da Spiaggia Sei?

In questo paragrafo, ti proponiamo un divertente e rivelatore test di personalità per scoprire quale "Tipo da Spiaggia" ti rappresenta meglio. Questo test è composto da una serie di domande che esplorano le tue preferenze, i tuoi comportamenti e le tue reazioni in spiaggia. Rispondere sinceramente ti aiuterà a identificare il tuo profilo e a capire meglio come ti relazioni con gli altri e con l'ambiente balneare. Prendi carta e penna, o semplicemente annota mentalmente le tue risposte, e preparati a scoprire chi sei veramente sotto l'ombrellone.

Test di Personalità per Identificare il Proprio Tipo

Rispondi alle seguenti domande scegliendo l'opzione che meglio descrive le tue preferenze o comportamenti. Alla fine del test, consulta la sezione dei risultati per scoprire quale "Tipo da Spiaggia" sei.

1. Come ti prepari per una giornata in spiaggia?

a. Porto con me solo l'essenziale: un asciugamano, una bottiglia d'acqua e un libro.

b. Preparo una borsa piena di giochi, snack e accessori per il relax.

c. Non posso fare a meno del mio equipaggiamento sportivo: pallone, racchette, ecc.

d. Porto sempre con me una fotocamera o uno smartphone per catturare ogni momento.

e. Preparo con cura creme solari e abbronzanti per ottenere un colore perfetto.

f. Organizzo tutto per la famiglia: ombrelloni, giochi per bambini, cibo e bevande.

g. Scelgo abbigliamento e accessori retrò per evocare lo spirito degli anni '80.

h. Preparo una borsa leggera con tutto il necessario per praticare yoga e meditazione.

i. Preparo tutto il necessario per una festa: altoparlanti, drink e giochi di gruppo.

j. Mi organizzo con prodotti salutari e attrezzi per l'attività fisica.

k. Preparo con cura ogni dettaglio per osservare e commentare ciò che accade intorno a me.

l. Porto con me solo l'indispensabile, preferendo spazi tranquilli e poco affollati.

2. Qual è la tua attività preferita in spiaggia?

a. Leggere un buon libro sotto l'ombrellone.

b. Chiacchierare e scoprire le ultime novità con gli amici.

c. Partecipare a tornei di beach volley o fare surf.

d. Scattare foto artistiche del paesaggio e delle persone.

e. Prendere il sole e rilassarsi.

f. Giocare con i bambini e organizzare attività di gruppo.

g. Ascoltare musica anni '80 e condividere aneddoti del passato.

h. Praticare yoga e meditazione.

i. Organizzare e partecipare a feste sulla spiaggia.

j. Fare esercizi fisici e mantenere una dieta sana.

k. Osservare e commentare ciò che succede intorno a me.

l. Camminare lungo la riva e contemplare la natura.

3. Come reagisci quando vedi un gruppo di persone giocare a beach volley?

a. Preferisco restare a guardare e leggere il mio libro.

b. Mi avvicino e inizio a chiacchierare con chi non sta giocando.

c. Mi unisco immediatamente al gioco.

d. Scatto foto dell'azione e dei momenti divertenti.

e. Continuo a prendere il sole e a rilassarmi.

f. Incoraggio i bambini a unirsi al gioco mentre li guardo.

g. Racconto storie di come si giocava negli anni '80.

h. Continuo la mia pratica di yoga o meditazione.

i. Invito tutti a una festa post-partita.

j. Vedo se posso unirmi per fare un po' di esercizio fisico.

k. Osservo e commento l'azione con altri spettatori.

l. Trovo un punto tranquillo per continuare a rilassarmi.

4. Come ti senti riguardo alla folla in spiaggia?

a. Preferisco un angolo tranquillo lontano dalla confusione.

b. Mi piace osservare e commentare cosa succede intorno a me.

c. Adoro l'energia e il caos della folla.

d. La folla mi offre tante opportunità per scattare foto interessanti.

e. Cerco di trovare un equilibrio tra tranquillità e compagnia.

f. La folla è divertente, ma mi preoccupo di tenere d'occhio i bambini.

g. La folla mi ricorda le estati degli anni '80.

h. Preferisco spazi tranquilli per le mie pratiche di benessere.

i. La folla è perfetta per organizzare feste e giochi di gruppo.

j. La folla è stimolante, ma cerco di trovare uno spazio per fare esercizio.

k. La folla è una fonte infinita di storie e gossip.

l. Evito la folla e cerco spazi tranquilli per rilassarmi.

5. Come ti comporti quando incontri nuove persone in spiaggia?

a. Sono piuttosto riservato e preferisco osservare prima di socializzare.

b. Mi piace parlare e scoprire tutto di loro.

c. Li invito subito a unirsi a una partita o a un'attività sportiva.

d. Propongo di fare qualche foto insieme.

e. Mi presento e poi torno a rilassarmi al sole.

f. Li invito a unirsi alla mia famiglia per una chiacchierata o un gioco.

g. Racconto storie e aneddoti degli anni '80.

h. Invito a una sessione di yoga o meditazione.

i. Li invito a una festa o a un gioco di gruppo.

j. Li coinvolgo in un'attività fisica o condivido consigli di benessere.

k. Cerco di scoprire le loro storie e inserirle nei miei racconti.

l. Mantengo una conversazione breve e ritorno alla mia pace.

6. Qual è la tua reazione quando qualcuno ti chiede di partecipare a un'attività?

a. Valuto se mi interessa davvero prima di accettare.

b. Accetto volentieri se c'è l'opportunità di socializzare.

c. Accetto immediatamente, adoro essere attivo.

d. Sono entusiasta di documentare l'attività con delle foto.

e. Preferisco restare al mio posto e rilassarmi.

f. Accetto se posso coinvolgere anche i bambini o la mia famiglia.

g. Accetto se posso parlare degli anni '80 durante l'attività.

h. Valuto se l'attività è in linea con il mio benessere e relax.

i. Accetto subito e penso a come trasformarla in una festa.

j. Accetto se l'attività è fisicamente stimolante e salutare.

k. Accetto se può essere un'opportunità per raccogliere nuove storie.

l. Probabilmente rifiuto per mantenere la mia tranquillità.

7. Qual è il tuo cibo preferito in spiaggia?

a. Uno snack leggero che posso mangiare mentre leggo.

b. Qualsiasi cosa che posso condividere con gli amici mentre chiacchieriamo.

c. Un pasto energizzante per mantenere le mie energie durante le attività.

d. Frutta fresca e colorata, perfetta per le foto.

e. Cibi semplici e leggeri per non appesantirmi.

f. Un picnic ben organizzato con una varietà di cibi per tutti.

g. Spuntini classici degli anni '80, come patatine e bibite.

h. Snack salutari come frutta secca e barrette di cereali.

i. Drink rinfrescanti e snack per le feste.

j. Cibi ricchi di nutrienti e salutari per supportare la mia attività fisica.

k. Qualcosa di sfizioso da mangiare mentre commento le storie.

l. Cibo leggero e nutriente che posso gustare in tranquillità.

Risultati

Conta quante volte hai scelto ciascuna lettera e confronta il totale con le descrizioni seguenti per scoprire quale "Tipo da Spiaggia" sei.

Maggioranza di A: Il Lettore Solitario

Sei il Lettore Solitario, apprezzi la tranquillità e trovi piacere nell'immersione in un buon libro. La spiaggia è per te un rifugio di pace dove puoi rilassarti e ricaricare le energie. Preferisci la compagnia di un buon libro a quella delle persone, e cerchi angoli tranquilli dove puoi leggere indisturbato.

Maggioranza di B: Le Comari

Sei una delle Comari, ami socializzare e sei sempre alla ricerca di nuove storie e gossip. La spiaggia è il tuo luogo ideale per osservare, commentare e scoprire tutto ciò che accade intorno a te. Condividi le tue osservazioni con amici e conoscenti, creando un'atmosfera di vivacità e intrigo.

Maggioranza di C: Il Re del Beach Volley

Sei il Re del Beach Volley, sempre in movimento e pronto per l'azione. Adori lo sport e la competizione, e la spiaggia è il tuo campo di gioco ideale. Sei sempre pronto a unirti a una partita e a mostrare le tue abilità, attirando l'attenzione e l'ammirazione degli altri bagnanti.

Maggioranza di D: Il Fotografo Social

Sei il Fotografo Social, sempre con una fotocamera in mano. Adori catturare momenti speciali e condividere la bellezza della spiaggia con gli altri. Le tue foto raccontano storie e immortalano ricordi preziosi, rendendo ogni giornata in spiaggia un'opportunità per creare arte.

Maggioranza di E: La Regina dell'Abbronzatura

Sei la Regina dell'Abbronzatura, sempre alla ricerca del colore perfetto. Per te, la spiaggia è un luogo di relax dove puoi goderti il sole e prenderti cura della tua pelle. Segui una routine precisa per ottenere un'abbronzatura impeccabile, combinando protezione solare e momenti di relax.

Maggioranza di F: La Famiglia Allegra

Sei parte della Famiglia Allegra, ami trascorrere il tempo con i tuoi cari e organizzare attività per tutti. La spiaggia è il tuo parco giochi, dove la gioia e la condivisione sono al centro della tua giornata. Ti piace coinvolgere i bambini in giochi e attività, creando ricordi felici per tutta la famiglia.

Maggioranza di G: Il Nostalgico degli Anni '80

Sei il Nostalgico degli Anni '80, ami rivivere i bei tempi passati e condividere storie di quell'epoca. La spiaggia è il tuo luogo ideale per ascoltare musica retrò, raccontare aneddoti e immergerti in un'atmosfera vintage. Condividi la tua passione per gli anni '80 con chiunque incontri.

Maggioranza di H: Il Minimalista Zen

Sei il Minimalista Zen, prediligi la semplicità e trovi pace nelle piccole cose. La spiaggia è per te un santuario di tranquillità, dove puoi praticare yoga, meditazione e goderti la natura. Vivi con leggerezza, portando con te solo l'essenziale per un'esperienza di benessere e serenità.

Maggioranza di I: Il Party Animal

Sei il Party Animal, l'anima della festa in spiaggia. Adori organizzare giochi, feste e divertirti con gli amici. La tua energia è contagiosa e trasforma ogni giornata in spiaggia in un evento memorabile. Sei sempre alla ricerca di nuove avventure e modi per coinvolgere tutti nel divertimento.

Maggioranza di J: Il Cultore del Benessere

Sei il Cultore del Benessere, impegnato a mantenere uno stile di vita sano e attivo anche in spiaggia. Pratichi esercizi fisici, yoga e segui una dieta equilibrata. La spiaggia è il tuo luogo ideale per combinare attività fisica e relax, sempre con un occhio di riguardo per la salute.

Maggioranza di K: Il Vitellone da Spiaggia

Sei il Vitellone da Spiaggia, sempre alla ricerca di attenzione e divertimento. Adori essere al centro della scena, sia giocando a beach volley che sfoggiando il tuo fisico. Sei socievole, competitivo e ami coinvolgere gli altri nelle tue attività.

Maggioranza di L: Il Pesce Fuori d'Acqua

Sei il Pesce Fuori d'Acqua, non ti senti completamente a tuo agio in spiaggia e preferisci luoghi più tranquilli. La spiaggia può sembrare un ambiente caotico e stressante, quindi cerchi spazi isolati dove puoi rilassarti senza sentirti sopraffatto. Apprezzi la tranquillità e la pace più di ogni altra cosa.

Conclusione

Questo test di personalità ti ha permesso di scoprire quale "Tipo da Spiaggia" ti rappresenta di più. Comprendere il tuo profilo ti aiuta a valorizzare le tue esperienze e a migliorare le tue interazioni sociali in spiaggia. Ogni tipo ha le sue caratteristiche uniche e affascinanti, che contribuiscono a rendere la spiaggia un luogo variegato e interessante. Continuando nella lettura, esploreremo altri test e valutazioni per arricchire ulteriormente la tua esperienza balneare.

Riconoscere gli Altri

Osservare e comprendere i comportamenti degli altri in spiaggia può arricchire la nostra esperienza sociale e aiutarci a interagire meglio con chi ci circonda. In questa sezione, ti proponiamo un test di osservazione che ti permetterà di identificare i diversi "Tipi da Spiaggia". Imparare a riconoscere questi profili ti aiuterà a interpretare meglio le dinamiche sociali e a costruire relazioni più armoniose e divertenti.

Test di Osservazione per Identificare i Tipi Altrui

Rispondi alle seguenti domande basate sulle osservazioni delle persone che incontri in spiaggia. Annota le risposte e alla fine del test, utilizza la sezione dei risultati per interpretare chi hai osservato.

1. Come si presenta questa persona?

a. Ha sempre un libro in mano e sembra profondamente immerso nella lettura.

b. Parla spesso con amici e conoscenti, scambiando commenti e osservazioni.

c. Indossa abbigliamento sportivo e partecipa attivamente a giochi e attività.

d. Porta sempre con sé una fotocamera o uno smartphone per scattare foto.

e. È spesso sdraiato al sole, attentamente curato e con una pelle perfettamente abbronzata.

f. È circondato da bambini e attrezzature familiari, sempre occupato a organizzare giochi.

g. Indossa abiti e accessori vintage, magari ascolta musica retrò.

h. Si dedica a pratiche di yoga o meditazione in un angolo tranquillo.

i. Organizza feste e giochi di gruppo, sempre circondato da persone che si divertono.

j. Fa esercizi fisici e consuma snack salutari.

k. Osserva attentamente ciò che accade intorno a lui e commenta con gli amici.

l. Tende a stare in disparte, cercando angoli tranquilli e isolati.

2. Quali attività preferisce fare?

a. Leggere e rilassarsi in solitudine.

b. Chiacchierare e commentare con gli amici.

c. Partecipare a sport come beach volley o surf.

d. Fotografare il paesaggio e le persone.

e. Prendere il sole e rilassarsi.

f. Giocare con i bambini e organizzare attività familiari.

g. Ascoltare musica anni '80 e condividere storie del passato.

h. Praticare yoga e meditazione.

i. Organizzare e partecipare a feste.

j. Fare esercizi fisici e seguire una dieta salutare.

k. Osservare e discutere delle persone intorno.

l. Camminare lungo la riva o sedersi in tranquillità.

3. Come interagisce con gli altri?

a. Interagisce poco, preferisce la solitudine.

b. Parla con molte persone, scambiando commenti e osservazioni.

c. Invita gli altri a unirsi alle attività sportive.

d. Chiede di fare foto insieme o cattura momenti speciali.

e. È socievole ma preferisce rilassarsi da solo.

f. Coinvolge attivamente la famiglia e i bambini in giochi e attività.

g. Racconta storie e aneddoti degli anni '80.

h. Invita gli altri a praticare yoga o meditazione.

i. Invita le persone a partecipare a feste e giochi di gruppo.

j. Condivide consigli di benessere e coinvolge in attività fisiche.

k. Commenta e discute ciò che accade intorno con chiunque lo ascolti.

l. Mantiene conversazioni brevi e ritorna alla sua tranquillità.

4. Come reagisce alla folla?

a. Preferisce angoli tranquilli lontani dalla folla.

b. Osserva e commenta ciò che accade nella folla.

c. Ama l'energia della folla e vi partecipa attivamente.

d. Vede la folla come un'opportunità per scattare foto interessanti.

e. Cerca di trovare un equilibrio tra tranquillità e compagnia.

f. La folla è divertente, ma si preoccupa di tenere d'occhio i bambini.

g. La folla gli ricorda le estati degli anni '80.

h. Preferisce spazi tranquilli per le sue pratiche di benessere.

i. La folla è perfetta per organizzare feste e giochi di gruppo.

j. La folla è stimolante, ma cerca uno spazio per fare esercizio.

k. La folla è una fonte infinita di storie e gossip.

l. Evita la folla e cerca spazi tranquilli.

5. Qual è la sua attitudine verso il cibo in spiaggia?

a. Mangia snack leggeri mentre legge.

b. Condivide cibo con gli amici mentre chiacchiera.

c. Consuma pasti energizzanti per mantenere le energie durante le attività.

d. Sceglie cibi freschi e colorati, perfetti per le foto.

e. Preferisce cibi semplici e leggeri per non appesantirsi.

f. Organizza picnic ben forniti per tutta la famiglia.

g. Porta con sé spuntini tipici degli anni '80.

h. Consuma snack salutari come frutta secca e barrette di cereali.

i. Prepara drink rinfrescanti e snack per le feste.

j. Sceglie cibi ricchi di nutrienti per supportare la sua attività fisica.

k. Mangia qualcosa di sfizioso mentre commenta le storie.

l. Sceglie cibo leggero e nutriente per goderselo in tranquillità.

6. Qual è il suo comportamento durante un'attività di gruppo?

a. Partecipa solo se l'attività è rilassante.

b. Partecipa per socializzare e commentare.

c. Partecipa attivamente e invita altri a unirsi.

d. Scatta foto dell'attività e dei partecipanti.

e. Partecipa ma preferisce tornare presto a rilassarsi.

f. Coinvolge la famiglia e i bambini nell'attività.

g. Racconta aneddoti mentre partecipa.

h. Valuta se l'attività è in linea con il suo benessere.

i. Trasforma l'attività in un evento divertente per tutti.

j. Partecipa se l'attività è fisicamente stimolante.

k. Osserva e commenta l'attività con gli altri.

l. Probabilmente osserva da lontano.

Interpretare i Risultati del Test

Maggioranza di A: Il Lettore Solitario

Questa persona preferisce la tranquillità e l'isolamento, trovando piacere nell'immersione in un buon libro. Riconoscerla ti aiuta a rispettare il suo spazio personale e a non disturbare la sua quiete.

Maggioranza di B: Le Comari

Questa persona ama socializzare e osservare tutto ciò che accade intorno. Riconoscerla ti permette di decidere se unirti alla conversazione o mantenere una distanza per evitare di essere coinvolto nei gossip.

Maggioranza di C: Il Re del Beach Volley

Questa persona è sempre attiva e pronta per il gioco. Riconoscerla ti offre l'opportunità di unirti a un'attività sportiva e divertirti insieme a lei.

Maggioranza di D: Il Fotografo Social

Questa persona è appassionata di fotografia e ama catturare momenti speciali. Riconoscerla ti permette di partecipare alle sue sessioni fotografiche o semplicemente ammirare il suo lavoro.

Maggioranza di E: La Regina dell'Abbronzatura

Questa persona è dedicata al relax e all'abbronzatura perfetta. Riconoscerla ti aiuta a rispettare il suo bisogno di tranquillità e a non disturbare i suoi momenti di relax.

Maggioranza di F: La Famiglia Allegra

Questa persona ama trascorrere il tempo con la famiglia e organizzare attività per tutti. Riconoscerla ti permette di unirti ai giochi familiari o semplicemente goderti l'atmosfera gioiosa che crea.

Maggioranza di G: Il Nostalgico degli Anni '80

Questa persona ama rivivere i bei tempi passati e condividere storie degli anni '80. Riconoscerla ti offre l'opportunità di ascoltare storie affascinanti e immergerti in un'atmosfera vintage.

Maggioranza di H: Il Minimalista Zen

Questa persona predilige la semplicità e la tranquillità. Riconoscerla ti permette di rispettare i suoi spazi di pace e di unirti a lei nelle pratiche di yoga o meditazione, se lo desideri.

Maggioranza di I: Il Party Animal

Questa persona è l'anima della festa e adora organizzare eventi sociali. Riconoscerla ti offre l'opportunità di partecipare a feste divertenti e a giochi di gruppo.

Maggioranza di J: Il Cultore del Benessere

Questa persona è impegnata a mantenere uno stile di vita sano e attivo. Riconoscerla ti permette di unirti a lei nelle attività fisiche e di scambiare consigli di benessere.

Maggioranza di K: Il Vitellone da Spiaggia

Questa persona ama essere al centro dell'attenzione e coinvolgere gli altri nelle sue attività. Riconoscerla ti offre l'opportunità di divertirti insieme a lei, ma anche di mantenere una certa distanza se preferisci non essere troppo coinvolto.

Maggioranza di L: Il Pesce Fuori d'Acqua

Questa persona non si sente completamente a suo agio in spiaggia e preferisce luoghi tranquilli. Riconoscerla ti permette di rispettare il suo bisogno di isolamento e di creare un ambiente più confortevole per lei.

Conclusione

Osservare e comprendere i comportamenti degli altri in spiaggia ci permette di migliorare le nostre interazioni sociali e di rispettare le esigenze di chi ci circonda. Questo test di osservazione ti ha fornito gli strumenti per riconoscere i diversi "Tipi da Spiaggia" e per adattare il tuo comportamento di conseguenza. Continuando nella lettura, esploreremo ulteriori aspetti del linguaggio del corpo e delle dinamiche sociali in spiaggia.

Interazioni Positive

Le interazioni sociali in spiaggia possono arricchire la nostra esperienza, rendendo le giornate al mare più divertenti e memorabili. Tuttavia, sapere come comportarsi e come comunicare efficacemente con gli altri è fondamentale per garantire che queste interazioni siano positive. In questa sezione, ti proponiamo un test dettagliato su come migliorare le tue interazioni in spiaggia. Rispondere a queste domande ti aiuterà a identificare le aree in cui puoi migliorare e a sviluppare strategie per diventare un comunicatore più empatico e rispettoso.

Test su Come Migliorare le Proprie Interazioni in Spiaggia

Rispondi alle seguenti domande scegliendo l'opzione che meglio descrive il tuo comportamento o le tue preferenze. Alla fine del test, utilizza la sezione dei risultati per capire come puoi migliorare le tue interazioni sociali in spiaggia.

1. Come saluti le persone quando arrivi in spiaggia?

a. Cerco subito un angolo tranquillo e non saluto nessuno.

b. Saluto solo le persone che conosco bene.

c. Faccio un saluto generale a chiunque incontri.

d. Saluto calorosamente e inizio subito a conversare con chiunque.

2. Come reagisci se qualcuno ti chiede di unirti a un'attività?

a. Rifiuto gentilmente e continuo a fare ciò che stavo facendo.

b. Accetto solo se conosco bene la persona.

c. Accetto volentieri e partecipo all'attività.

d. Non solo accetto, ma cerco anche di coinvolgere altre persone.

3. Come gestisci le differenze di opinione durante una conversazione?

a. Evito la conversazione se sospetto che ci saranno differenze di opinione.

b. Ascolto, ma cambio argomento rapidamente.

c. Ascolto e rispetto le opinioni altrui, anche se non sono d'accordo.

d. Cerco di capire meglio il punto di vista dell'altra persona e di trovare un terreno comune.

4. Come reagisci quando qualcuno invade il tuo spazio personale?

a. Mi sposto senza dire nulla.

b. Chiedo gentilmente di avere più spazio.

c. Uso il linguaggio del corpo per indicare il mio disagio.

d. Faccio un commento amichevole per ripristinare lo spazio personale.

5. Come ti comporti se noti che qualcuno sembra essere escluso dalle attività di gruppo?

a. Non intervengo, è una questione che non mi riguarda.

b. Osservo da lontano per capire la situazione.

c. Mi avvicino e cerco di coinvolgere la persona esclusa.

d. Organizzo un'attività che includa tutti, facendo attenzione a coinvolgere la persona esclusa.

6. Come gestisci le situazioni di conflitto in spiaggia?

a. Le evito completamente e mi allontano.

b. Cerco di non farmi coinvolgere e di stare lontano.

c. Intervengo solo se coinvolgono me direttamente.

d. Cerco di mediare e risolvere il conflitto in modo pacifico.

7. Come ti comporti quando qualcuno ti chiede aiuto o un favore in spiaggia?

a. Rifiuto gentilmente, preferisco non essere disturbato.

b. Accetto solo se è un amico stretto.

c. Aiuto volentieri se posso.

d. Faccio del mio meglio per aiutare chiunque me lo chieda, anche se non lo conosco.

8. Come gestisci le conversazioni con persone che non conosci bene?

a. Rispondo brevemente e poi torno ai miei affari.

b. Parlo solo se mi viene rivolto direttamente la parola.

c. Partecipo attivamente alla conversazione.

d. Cerco di conoscere meglio la persona, facendo domande aperte e mostrando interesse.

Interpretare i Risultati del Test

Conta quante volte hai scelto ciascuna lettera e confronta il totale con le descrizioni seguenti per scoprire come puoi migliorare le tue interazioni in spiaggia.

Maggioranza di A: Il Riservato

Tendi a preferire la tranquillità e l'isolamento, evitando le interazioni sociali. Per migliorare le tue interazioni, prova a fare piccoli passi verso l'apertura, come salutare le persone o partecipare a brevi conversazioni. Ricorda che anche piccole interazioni possono arricchire la tua esperienza in spiaggia.

Maggioranza di B: L'Osservatore Prudente

Sei più a tuo agio con le persone che conosci bene e tendi a osservare prima di interagire. Per migliorare, prova a essere più proattivo nel coinvolgere nuove persone nelle tue attività e ad accettare inviti anche da chi conosci meno. Questo ti aiuterà a espandere la tua rete sociale e a vivere nuove esperienze.

Maggioranza di C: Il Partecipante Attivo

Ti piace partecipare e sei generalmente aperto alle interazioni sociali. Per migliorare ulteriormente, cerca di diventare un facilitatore nelle attività di gruppo, aiutando a coinvolgere anche le persone più timide o riservate. Questo ti renderà un punto di riferimento positivo per gli altri.

Maggioranza di D: Il Facilitatore Sociale

Sei un vero e proprio facilitatore delle interazioni sociali, sempre pronto a coinvolgere e aiutare gli altri. Continua a mantenere questo approccio positivo e prova a focalizzarti su come mediare conflitti e migliorare le dinamiche di gruppo. La tua abilità di connettere le persone è preziosa e può fare una grande differenza nell'esperienza di tutti in spiaggia.

Strategie per Migliorare le Interazioni

1. **Saluta e Sii Accogliente**
   Un semplice saluto può rompere il ghiaccio e creare un'atmosfera accogliente. Cerca di salutare chiunque incontri in spiaggia, anche con un semplice cenno della mano o un sorriso.

2. **Partecipa Attivamente**
   Mostra interesse nelle attività di gruppo e non avere paura di unirti. Anche se non sei molto sportivo, ci sono molte attività in cui puoi partecipare, come giochi da tavolo o conversazioni informali.

3. **Rispetta lo Spazio Personale**
   Presta attenzione ai segnali non verbali delle persone intorno a te. Se qualcuno sembra a disagio, cerca di rispettare il suo spazio personale e di non invadere la sua privacy.

4. **Coinvolgi gli Esclusi**
   Se noti che qualcuno è escluso o sembra solo, fai un passo avanti per coinvolgerlo. Un semplice invito a unirsi a un gioco o a una conversazione può fare una grande differenza.

5. **Mediare i Conflitti**
   Se ti trovi in una situazione di conflitto, cerca di mantenere la calma e di mediare tra le parti coinvolte. Mostra empatia e cerca di trovare una soluzione pacifica che soddisfi tutti.

6. **Mostra Interesse Sincero**
   Quando parli con qualcuno, mostra interesse sincero per ciò che dice. Fai domande aperte e ascolta attivamente le risposte. Questo aiuterà a creare connessioni più profonde e significative.

7. **Aiuta Quando Puoi**

    Essere disponibile ad aiutare gli altri può migliorare le tue interazioni. Che si tratti di prestare un ombrellone o di aiutare a organizzare un'attività, la tua disponibilità sarà apprezzata.

Conclusione

Le interazioni positive in spiaggia possono trasformare una semplice giornata al mare in un'esperienza memorabile. Utilizzando questo test, puoi identificare le aree in cui migliorare e adottare strategie che ti aiuteranno a diventare un comunicatore più empatico e rispettoso. Continuando nella lettura, esploreremo ulteriori aspetti del linguaggio del corpo e delle dinamiche sociali che arricchiranno la tua esperienza balneare.

CAPITOLO 5: CONSIGLI PRATICI PER UNA GIORNATA PERFETTA

La spiaggia è un luogo magico dove rilassarsi, divertirsi e godersi il sole e il mare. Tuttavia, per assicurarsi che la giornata sia davvero perfetta, è fondamentale essere ben preparati. In questo capitolo, ti offriremo una serie di consigli pratici che ti aiuteranno a sfruttare al meglio la tua giornata in spiaggia, a partire dalla preparazione fino alle attività da svolgere. Seguire questi suggerimenti ti permetterà di vivere un'esperienza piacevole e senza intoppi, massimizzando il relax e il divertimento.

Prepararsi alla Spiaggia

Una buona preparazione è essenziale per garantire una giornata perfetta in spiaggia. Sapere cosa portare e cosa evitare può fare la differenza tra un'esperienza piacevole e una giornata piena di inconvenienti. In questa sezione, ti guideremo attraverso tutti gli elementi essenziali da mettere nella tua borsa da spiaggia e ti daremo consigli su cosa lasciare a casa.

Cosa portare e cosa evitare

Cosa Portare

La protezione solare è uno degli elementi più importanti da portare in spiaggia. Scegli una crema solare con un alto fattore di protezione (SPF 30 o superiore) per proteggere la pelle dai danni del sole. Non dimenticare di applicarla generosamente su tutte le aree esposte, incluso il viso, e di riapplicarla ogni due ore, soprattutto dopo aver nuotato o sudato. Porta anche un balsamo per le labbra con SPF per proteggere le labbra dal sole.

Asciugamani e Teli Mare

Porta con te almeno un grande asciugamano o telo mare. Un asciugamano grande può essere utilizzato per sdraiarsi sulla sabbia, mentre uno più piccolo può essere utile per asciugarsi dopo il bagno. Se possibile, scegli asciugamani in microfibra che si asciugano rapidamente e occupano meno spazio nella borsa.

Ombrellone o Tenda da Spiaggia

Un ombrellone o una tenda da spiaggia è fondamentale per creare un'area ombreggiata dove potersi riparare dal sole. Questo è particolarmente importante nelle ore più calde della giornata, per evitare scottature e colpi di calore. Assicurati che l'ombrellone o la tenda siano facili da montare e abbastanza robusti da resistere al vento.

Abbigliamento Adeguato

Porta con te un cambio di abbigliamento leggero e comodo, come una maglietta e un paio di shorts. Un copricostume o una camicia leggera possono essere utili per proteggerti dal sole quando non sei in acqua. Non dimenticare un cappello a tesa larga per proteggere il viso e il collo dai raggi UV, e un paio di occhiali da sole con protezione UV per proteggere gli occhi.

Cibo e Bevande

Porta con te abbastanza acqua per mantenerti idratato durante tutta la giornata. Una borraccia termica può aiutare a mantenere l'acqua fresca. Prepara anche spuntini leggeri e nutrienti, come frutta fresca, noci, barrette di cereali e sandwich. Evita cibi pesanti o difficili da conservare sotto il sole.

Attrezzatura per il Relax e il Divertimento

Porta con te un buon libro, una rivista o un e-reader per rilassarti. Se preferisci ascoltare musica, non dimenticare le cuffie. Per il divertimento, porta giochi da spiaggia come frisbee, palloni, racchette da beach tennis o attrezzature per snorkeling. Anche un piccolo set di bocce o un aquilone possono aggiungere un tocco di divertimento alla giornata.

Kit di Pronto Soccorso

Un piccolo kit di pronto soccorso è sempre utile per affrontare piccoli incidenti o inconvenienti. Include cerotti, disinfettante, pinzette (per rimuovere schegge o spine), crema per scottature e farmaci di base come antidolorifici e antistaminici.

Cosa Evitare

Evita di portare in spiaggia dispositivi elettronici costosi o non essenziali, come laptop o tablet. La sabbia, l'acqua e il sole possono danneggiare questi dispositivi. Se desideri portare il tuo smartphone, assicurati di proteggerlo con una custodia impermeabile.

Troppi Cibi Deperibili

Evita di portare cibi che si deteriorano facilmente sotto il sole, come latticini, carne o pesce. Se decidi di portare cibi deperibili, assicurati di conservarli in una borsa termica con ghiaccioli per mantenerli freschi.

Bevande Alcoliche in Eccesso

Sebbene possa essere piacevole sorseggiare una birra o un cocktail in spiaggia, evita di portare troppi alcolici. L'alcol può aumentare il rischio di disidratazione e ridurre la tua capacità di tollerare il calore. Inoltre, alcune spiagge vietano il consumo di alcolici, quindi informati sulle regole locali.

Oggetti di Valore

Evita di portare in spiaggia oggetti di valore come gioielli, orologi costosi o grandi somme di denaro. Il rischio di perderli o danneggiarli è alto. Porta solo ciò che è strettamente necessario e assicurati di tenere gli oggetti di valore in una borsa sicura e chiusa.

Prodotti Non Eco-friendly

Evita di portare prodotti che possono danneggiare l'ambiente, come bottiglie di plastica usa e getta, stoviglie di plastica e cannucce. Opta invece per soluzioni riutilizzabili e biodegradabili per ridurre l'impatto ambientale.

Conclusione

Prepararsi adeguatamente per una giornata in spiaggia è la chiave per garantirti un'esperienza piacevole e senza stress. Portare con sé tutto l'essenziale e evitare gli oggetti non necessari ti permetterà di goderti al massimo il tempo al mare. Seguendo questi consigli, sarai pronto per affrontare qualsiasi situazione e potrai concentrarti sul relax e sul divertimento. Continuando nella lettura, esploreremo ulteriori consigli pratici per vivere al meglio la tua giornata in spiaggia.

Comunicare in Spiaggia

La spiaggia è un luogo ideale per socializzare e stringere nuove amicizie. Le conversazioni che nascono sotto l'ombrellone o durante una passeggiata sulla riva possono arricchire la tua giornata al mare e rendere l'esperienza ancora più piacevole. Tuttavia, saper comunicare efficacemente e intrattenere conversazioni interessanti richiede alcune abilità specifiche. In questa sezione, esploreremo strategie dettagliate per avviare e mantenere conversazioni interessanti in spiaggia.

Strategie per conversazioni interessanti

Sii Aperto e Accogliente

Il linguaggio del corpo gioca un ruolo cruciale nel mostrare apertura e accoglienza. Mantieni una postura rilassata e aperta, evitando di incrociare le braccia o di voltare le spalle agli altri. Un sorriso genuino e un contatto visivo frequente possono far sentire gli altri a proprio agio e incoraggiarli a interagire con te. Quando qualcuno si avvicina, fai un gesto amichevole come un cenno della testa o un saluto con la mano per invitare alla conversazione.

Inizia con un Saluto Amichevole

Un semplice saluto può essere l'inizio di una conversazione interessante. Saluta le persone intorno a te con un sorriso e un saluto amichevole, come "Ciao, come va?" o "Buongiorno, stai passando una bella giornata?". Questo piccolo gesto può rompere il ghiaccio e aprire la porta a ulteriori scambi.

Fai Domande Aperte

Le domande aperte sono uno strumento potente per stimolare conversazioni interessanti. Invece di fare domande che richiedono risposte brevi o monosillabiche, come "Ti piace la spiaggia?", prova a chiedere "Qual è la tua cosa preferita da fare in spiaggia?" o "Hai scoperto qualche bel posto nei dintorni?". Queste domande incoraggiano l'interlocutore a condividere di più e a parlare delle proprie esperienze e opinioni.

Mostra Interesse Sincero

Quando fai domande, dimostra un interesse genuino nelle risposte. Ascolta attentamente e fai domande di follow-up per approfondire ulteriormente l'argomento. Ad esempio, se qualcuno ti racconta di una recente escursione, potresti chiedere "Che cosa ti è piaciuto di più di quell'escursione?" o "Hai qualche consiglio per chi vuole provarla?". Questo dimostra che apprezzi il contributo dell'altra persona e desideri conoscere di più.

Condividi Esperienze Personali

Condividere le tue esperienze personali può aiutare a creare un legame e trovare punti in comune con l'interlocutore. Parla delle tue attività preferite in spiaggia, delle tue vacanze passate o delle tue passioni. Questo non solo rende la conversazione più dinamica, ma offre anche all'altra persona l'opportunità di trovare connessioni e similitudini con te. Ad esempio, "Anche io adoro fare snorkeling! Qual è il posto più bello in cui sei stato?" può aprire una discussione vivace e coinvolgente.

Racconta Aneddoti Divertenti

Le storie e gli aneddoti divertenti sono sempre un buon modo per animare una conversazione. Racconta episodi divertenti o interessanti che ti sono capitati in spiaggia o durante le vacanze. Ad esempio, "Una volta, mentre facevo snorkeling, mi sono trovato faccia a faccia con una tartaruga marina. È stato incredibile!" Queste storie non solo intrattengono, ma rendono anche la conversazione memorabile.

Ascolta Attivamente

Dimostra Attenzione e Rispetto

L'ascolto attivo è fondamentale per mantenere una conversazione interessante. Dimostra attenzione annuendo, mantenendo il contatto visivo e rispondendo in modo appropriato. Evita di interrompere e lascia che l'altra persona finisca di parlare prima di rispondere. Questo mostra rispetto per l'interlocutore e favorisce un dialogo più fluido e naturale.

Riassumi e Rifletti

Una buona tecnica di ascolto attivo è riassumere o riflettere su ciò che l'altra persona ha detto. Ad esempio, "Mi sembra davvero interessante che tu abbia visitato così tanti posti diversi per fare snorkeling. Quale ti è piaciuto di più e perché?" Questo dimostra che stai seguendo attentamente la conversazione e che valorizzi le informazioni condivise.

Adatta il Tono e il Contenuto

Il tono della conversazione dovrebbe adattarsi all'atmosfera della spiaggia, che è generalmente rilassata e informale. Usa un tono di voce amichevole e rilassato, evitando di sembrare troppo formale o serio. Mantieni la conversazione leggera e divertente, ma sempre rispettosa.

Scegli Argomenti Appropriati

Seleziona argomenti di conversazione che siano appropriati per l'ambiente della spiaggia. Parla di vacanze, attività all'aria aperta, libri, film o hobby. Evita discussioni su temi controversi o pesanti, come politica o problemi personali, che potrebbero creare tensioni o disagio.

Conclusione

Comunicare efficacemente in spiaggia può arricchire la tua esperienza e quella degli altri, creando momenti piacevoli e memorabili. Seguendo queste strategie, potrai avviare e mantenere conversazioni interessanti, costruendo relazioni positive e durature. La spiaggia offre un ambiente unico per socializzare e condividere, quindi approfitta di ogni opportunità per connetterti con gli altri in modo autentico e piacevole. Continuando nella lettura, esploreremo ulteriori consigli pratici per vivere al meglio la tua giornata in spiaggia.

Etichette da Spiaggia

La spiaggia è un luogo dove persone di diversa provenienza si riuniscono per godersi il sole, il mare e la compagnia degli altri. Per garantire che tutti possano avere un'esperienza piacevole, è importante seguire alcune regole di comportamento che, anche se non scritte, sono fondamentali per una convivenza armoniosa. In questa sezione, esploreremo le norme di etichetta da spiaggia che ti aiuteranno a rispettare gli altri e a creare un ambiente positivo e accogliente.

Regole non scritte per una convivenza armoniosa

Rispetta lo Spazio Personale

Quando scegli dove posizionare il tuo ombrellone o il tuo asciugamano, assicurati di mantenere una distanza adeguata dalle altre persone. Un buon metro di distanza è generalmente sufficiente per garantire che ognuno abbia il proprio spazio personale. Questo è particolarmente importante su spiagge affollate, dove lo spazio è limitato. Evita di posizionarti troppo vicino agli altri, poiché questo può farli sentire a disagio.

Evita di Invadere lo Spazio altrui

Oltre a mantenere le distanze, fai attenzione a non invadere lo spazio degli altri con i tuoi oggetti personali. Evita di estendere il tuo asciugamano, le sedie o gli ombrelloni in modo tale da occupare più spazio del necessario. Se hai bambini che giocano, insegna loro a rispettare lo spazio delle altre persone e a non correre o giocare troppo vicino agli altri.

Modera il Volume

La spiaggia è un luogo per rilassarsi, quindi è importante mantenere un volume moderato quando si parla o si ascolta musica. Evita di parlare a voce troppo alta, soprattutto se sei in un gruppo numeroso. Se desideri ascoltare musica, utilizza le cuffie per non disturbare gli altri bagnanti. Se preferisci ascoltare la musica tramite altoparlanti, tieni il volume basso e assicurati che non interferisca con la tranquillità degli altri.

Giochi e Attività

Anche durante i giochi e le attività, fai attenzione al rumore che produci. Giochi rumorosi come il beach volley o i racchettoni possono essere divertenti, ma possono anche disturbare chi cerca di rilassarsi. Cerca di limitare il rumore e scegli aree della spiaggia destinate alle attività sportive, se disponibili.

Mantieni la Pulizia

La spiaggia deve rimanere pulita per essere goduta da tutti. Porta sempre con te un sacchetto per i rifiuti e raccogli tutta la spazzatura che produci, inclusi mozziconi di sigaretta, imballaggi di cibo e bottiglie di plastica. Utilizza i cestini della spazzatura disponibili sulla spiaggia e, se non ce ne sono, porta i rifiuti con te fino a trovare un punto di raccolta appropriato.

Evita di Lasciare Tracce

Quando lasci la spiaggia, assicurati di non lasciare tracce del tuo passaggio. Questo include riempire eventuali buche che hai scavato nella sabbia e rimuovere tutti i tuoi oggetti personali. Se hai utilizzato attrezzature da spiaggia come sedie o ombrelloni, piegali e riponili ordinatamente. Questo aiuta a mantenere la spiaggia ordinata e pronta per i prossimi visitatori.

Rispetta gli Altri Bagnanti

Quando organizzi giochi o attività, scegli un'area della spiaggia che non sia troppo affollata e assicurati di non disturbare gli altri bagnanti. Evita di giocare vicino a persone che stanno prendendo il sole, leggendo o riposando. Se la spiaggia è affollata, cerca di limitare le attività che richiedono molto spazio o che possono disturbare gli altri.

Comportati in Modo Civile

Mantieni sempre un comportamento civile e rispettoso verso gli altri. Evita discussioni o comportamenti aggressivi. Se sorgono problemi o conflitti, cerca di risolverli pacificamente e con comprensione. Ricorda che la spiaggia è un luogo pubblico dove tutti hanno il diritto di godersi il loro tempo in tranquillità.

Gestisci i Bambini e gli Animali Domestici

Se porti bambini in spiaggia, assicurati di tenerli sotto controllo e di insegnare loro a rispettare gli altri bagnanti. Insegna ai tuoi bambini a giocare lontano dalle altre persone e a non fare troppo rumore vicino a chi sta riposando. Assicurati anche che non disturbino la fauna locale o danneggino l'ambiente.

Regole per gli Animali Domestici

Se porti il tuo cane in spiaggia, assicurati di seguire le regole locali riguardanti gli animali domestici. Tieni il tuo cane al guinzaglio e assicurati che non disturbi gli altri bagnanti. Raccogli sempre i rifiuti del tuo animale e portali con te per smaltirli correttamente. Non tutti amano gli animali, quindi è importante rispettare lo spazio e il comfort degli altri.

Conclusione

Seguire le regole di etichetta da spiaggia è essenziale per garantire che tutti possano godere di un'esperienza piacevole e rilassante. Rispetta lo spazio personale, mantieni il volume moderato, pulisci dopo di te, e comportati in modo civile. Prenditi cura dei tuoi bambini e animali domestici per evitare di disturbare gli altri bagnanti. Con questi semplici accorgimenti, contribuirai a creare un ambiente armonioso e accogliente per tutti. Continuando nella lettura, esploreremo ulteriori consigli pratici per vivere al meglio la tua giornata in spiaggia.

Attività e Giochi

La spiaggia offre infinite possibilità di divertimento, sia per chi ama stare in compagnia, sia per chi preferisce passare del tempo da solo. Organizzare attività e giochi è un ottimo modo per rendere la giornata più vivace e coinvolgente. In questa sezione, ti presenteremo alcune idee per divertirti in gruppo o da solo, includendo giochi tradizionali e nuove tendenze che stanno prendendo piede sulle spiagge di tutto il mondo.

Idee per divertirsi in gruppo o da soli

Racchettoni

Il Gioco dei Racchettoni

Il gioco dei racchettoni è un'attività classica da spiaggia che continua a essere molto popolare. Questo gioco coinvolge due giocatori che si scambiano una pallina utilizzando racchette di legno o di plastica. È un'attività semplice, ma estremamente divertente, che può essere praticata da persone di tutte le età. Per giocare, basta avere un po' di spazio libero sulla spiaggia, due racchette e una pallina. Il gioco può essere casuale, senza punteggi, oppure organizzato come una partita con punteggio per aggiungere un po' di competizione.

Benefici e Suggerimenti

Giocare a racchettoni non solo è divertente, ma offre anche benefici fisici. Aiuta a migliorare la coordinazione occhio-mano, la velocità di reazione e la resistenza fisica. Per massimizzare il divertimento e la sicurezza:

- Assicurati di giocare lontano dalle zone affollate per evitare di colpire accidentalmente altri bagnanti.

- Utilizza palline morbide per ridurre il rischio di infortuni.

- Prendi delle pause regolari per idratarti e proteggerti dal sole.

Castelli di Sabbia

Costruire castelli di sabbia è un'attività classica e creativa che può essere goduta sia da soli che in compagnia. Questo passatempo stimola la creatività e la collaborazione, soprattutto quando si costruisce in gruppo. Per iniziare, avrai bisogno di secchielli, palette e altri strumenti di scavo. Scegli una zona vicino all'acqua per avere un facile accesso alla sabbia umida, che è più facile da modellare.

Tecniche e Consigli

Per costruire castelli di sabbia duraturi e impressionanti:

- Inizia con una base solida, scavando un po' nella sabbia per creare una fondazione stabile.

- Utilizza secchielli di diverse dimensioni per formare le torri e le mura.

- Aggiungi dettagli come porte, finestre e fossati utilizzando strumenti più piccoli o le mani.

- Decora il castello con conchiglie, alghe e altri elementi naturali trovati sulla spiaggia.

Snorkeling

Lo snorkeling è un'attività affascinante che permette di esplorare la vita marina in modo semplice e accessibile. Tutto ciò di cui hai bisogno è una maschera, un boccaglio e delle pinne. Se ti trovi in una spiaggia con acque cristalline e ricche di fauna marina, lo snorkeling può offrire un'esperienza indimenticabile, permettendoti di osservare pesci colorati, coralli e altre meraviglie subacquee.

Sicurezza e Suggerimenti

Per praticare lo snorkeling in sicurezza e con piacere:

- Assicurati che l'attrezzatura sia della misura giusta e in buone condizioni.

- Fai attenzione alle correnti e alle condizioni del mare. Se sei un principiante, rimani vicino alla riva e in acque calme.

- Non toccare la fauna e la flora marina per non danneggiarla e per evitare pericoli.

- Fallo sempre con un compagno per maggiore sicurezza.

Beach Volley

Il beach volley è uno sport dinamico e divertente che può coinvolgere più persone, rendendolo ideale per gruppi di amici o familiari. Tutto ciò di cui hai bisogno è un pallone e una rete, che spesso sono già presenti nelle spiagge attrezzate. Il gioco può essere organizzato in partite con punteggio, oppure in modalità più libera e amichevole.

Regole e Benefici

Le regole del beach volley sono simili a quelle del volley tradizionale, ma con alcune differenze adattate alla sabbia:

- Ogni squadra può avere due, tre o quattro giocatori.

- La palla deve essere colpita senza trattenerla e può essere toccata solo tre volte prima di essere mandata oltre la rete.

- Il primo tocco di ciascuna squadra deve essere un palleggio o un bagher, e non può essere una schiacciata.

Giocare a beach volley migliora la resistenza fisica, la coordinazione e la capacità di lavorare in squadra. È anche un ottimo modo per socializzare e fare nuove amicizie.

Yoga e Meditazione

Praticare yoga e meditazione in spiaggia è un modo meraviglioso per rilassarsi e connettersi con la natura. L'ambiente tranquillo, il suono delle onde e la brezza marina creano l'atmosfera perfetta per queste attività. Porta con te un tappetino da yoga o un asciugamano grande e trova un angolo tranquillo della spiaggia.

Esercizi e Tecniche

Per iniziare una sessione di yoga o meditazione:

- Scegli pose semplici e rilassanti come il Saluto al Sole, la Posizione del Bambino e il Cane a Testa in Giù.

- Pratica la respirazione profonda e consapevole per calmare la mente e rilassare il corpo.

- Medita seduto o sdraiato, concentrandoti sul suono delle onde e sulla sensazione della sabbia sotto di te.

Queste pratiche non solo migliorano la flessibilità e la forza, ma aiutano anche a ridurre lo stress e a migliorare il benessere mentale.

Caccia al Tesoro

Organizzare una caccia al tesoro è un'attività divertente e coinvolgente, perfetta per gruppi di amici o famiglie con bambini. Puoi creare indizi e nascondere piccoli oggetti o premi sulla spiaggia. Questo gioco stimola la creatività, il pensiero critico e la collaborazione tra i partecipanti.

Come Organizzare una Caccia al Tesoro

Per organizzare una caccia al tesoro:

- Scegli un tema per rendere il gioco più interessante (ad esempio, pirati, natura o avventura).

- Prepara una serie di indizi che guidino i partecipanti da un punto all'altro. Gli indizi possono essere enigmi, rime o semplici descrizioni.

- Nascondi piccoli premi o tesori in luoghi sicuri ma non troppo difficili da trovare.

- Dividi i partecipanti in squadre e fornisci a ciascuna squadra il primo indizio.

Questo gioco può durare da pochi minuti a un'ora o più, a seconda della complessità e del numero di indizi preparati.

Conclusione

La spiaggia offre un'ampia gamma di attività e giochi che possono rendere la tua giornata al mare divertente e memorabile. Che tu preferisca il movimento e l'azione, la creatività, l'esplorazione sottomarina, il relax o la competizione amichevole, ci sono infinite possibilità per divertirti sia in gruppo che da solo. Seguendo queste idee, potrai rendere ogni giornata in spiaggia unica e speciale. Continuando nella lettura, esploreremo ulteriori consigli pratici per vivere al meglio la tua esperienza balneare.

CONCLUSIONE

Siamo giunti alla fine del nostro viaggio attraverso il microcosmo della spiaggia, un luogo ricco di dinamiche sociali, comportamenti affascinanti e opportunità per la crescita personale. In questa conclusione, rifletteremo sull'importanza della comprensione sociale e sull'invito a condividere le esperienze, arricchendo così le nostre giornate al mare e le nostre relazioni con gli altri.

Riflessioni Finali

La spiaggia è molto più di un luogo per rilassarsi e prendere il sole; è uno spazio dove possiamo osservare, imparare e interagire con una varietà di persone. In queste riflessioni finali, esploreremo l'importanza della comprensione sociale e l'invito a condividere le nostre esperienze.

Importanza della comprensione sociale

Connessione e Empatia

Comprendere il comportamento umano in spiaggia ci aiuta a connetterci meglio con gli altri e a sviluppare empatia. Ogni "Tipo da Spiaggia" che abbiamo esplorato rappresenta un diverso approccio alla vita e alla socializzazione. Riconoscere e rispettare queste differenze ci permette di interagire in modo più armonioso e di creare relazioni più profonde. La spiaggia, con la sua atmosfera rilassata e informale, è il luogo ideale per esercitare la nostra capacità di empatia e comprensione.

La comprensione sociale ci insegna che ogni persona ha le proprie motivazioni, esperienze e modi di vivere la spiaggia. Imparando a osservare e interpretare i segnali non verbali, possiamo adattare il nostro comportamento per essere più inclusivi e rispettosi. Ad esempio, rispettare lo spazio personale del Lettore Solitario o coinvolgere il Pesce Fuori d'Acqua in modo discreto e gentile sono azioni che dimostrano una comprensione profonda delle esigenze altrui.

Riduzione dei Conflitti

Una maggiore comprensione sociale contribuisce anche a ridurre i conflitti. Conoscere e rispettare le etichette da spiaggia, come mantenere il volume basso, rispettare gli spazi altrui e mantenere la pulizia, crea un ambiente più sereno e piacevole per tutti. Quando siamo consapevoli delle aspettative sociali e ci sforziamo di soddisfarle, riduciamo le possibilità di scontri e incomprensioni.

Inoltre, la capacità di mediare e risolvere i conflitti in modo pacifico è essenziale. Questo non solo migliora la nostra esperienza in spiaggia, ma ci insegna abilità preziose che possiamo applicare in altri contesti sociali. La spiaggia diventa così una palestra di vita, dove possiamo affinare le nostre capacità di comunicazione e gestione dei conflitti.

Crescita Personale

Infine, la comprensione sociale in spiaggia promuove la crescita personale. Interagire con persone diverse, osservare i loro comportamenti e imparare a relazionarsi in modo efficace ci arricchisce e amplia i nostri orizzonti. Ogni incontro è un'opportunità per crescere e migliorare come individui, sviluppando competenze sociali che ci saranno utili in molti aspetti della nostra vita.

La spiaggia è un microcosmo della società, e ciò che impariamo qui può essere applicato in ogni altra area della nostra esistenza. La capacità di comprendere e adattarsi alle dinamiche sociali è una competenza fondamentale che ci aiuta a navigare con successo nelle nostre relazioni personali e professionali.

Invito alla condivisione delle esperienze

Creare Memorie Condivise

Condividere le nostre esperienze in spiaggia con amici, familiari e persino con nuove conoscenze arricchisce la nostra vita e quella degli altri. Raccontare le nostre avventure, i momenti divertenti e le scoperte fatte in spiaggia crea un legame speciale e duraturo. Queste memorie condivise diventano parte della nostra storia personale e collettiva, rafforzando i nostri legami e creando un senso di comunità.

Le attività di gruppo, come i giochi da spiaggia o le escursioni, offrono opportunità perfette per creare ricordi indimenticabili. Partecipare insieme a queste attività non solo aumenta il divertimento, ma favorisce anche la coesione e la collaborazione. Ogni gioco, ogni risata e ogni momento di condivisione contribuisce a costruire un tessuto sociale più forte e resiliente.

Condividere le Scoperte

Condividere le nostre scoperte e conoscenze sulla spiaggia è un modo eccellente per arricchire l'esperienza altrui. Se hai scoperto un angolo tranquillo, un buon punto per fare snorkeling o una tecnica efficace per costruire castelli di sabbia, non esitare a condividerlo. Questa generosità non solo aiuta gli altri a godere appieno della loro giornata in spiaggia, ma crea anche un ambiente di reciproca assistenza e collaborazione.

Anche le storie personali e gli aneddoti possono essere una fonte di ispirazione e apprendimento per gli altri. Raccontare come hai superato una paura, come hai fatto nuove amicizie o come hai imparato una nuova abilità in spiaggia può motivare e incoraggiare gli altri a fare lo stesso. La condivisione delle esperienze è una potente forma di connessione umana che arricchisce tutti.

Partecipare a Eventi e Attività Comunitarie

Infine, partecipare a eventi e attività organizzate in spiaggia è un ottimo modo per condividere esperienze e creare nuovi legami. Molte spiagge offrono eventi comunitari, come tornei di beach volley, serate di cinema all'aperto, lezioni di yoga e attività di pulizia della spiaggia. Partecipare a queste iniziative non solo ti permette di incontrare nuove persone, ma contribuisce anche a creare un senso di appartenenza e responsabilità verso la comunità.

Questi eventi sono opportunità perfette per condividere passioni e interessi comuni, per imparare nuove cose e per contribuire al benessere collettivo. Inoltre, partecipare a iniziative ecologiche, come le pulizie della spiaggia, rafforza il nostro impegno verso la salvaguardia dell'ambiente, un valore che possiamo condividere e trasmettere agli altri.

Conclusione

La spiaggia è un luogo di connessione, apprendimento e crescita personale. Comprendere le dinamiche sociali e condividere le nostre esperienze arricchisce non solo la nostra giornata al mare, ma anche la nostra vita quotidiana. Speriamo che questo libro ti abbia fornito strumenti utili e spunti interessanti per vivere al meglio le tue giornate in spiaggia, creando ricordi indimenticabili e relazioni significative. Grazie per averci accompagnato in questo viaggio e buon divertimento in spiaggia!

RINGRAZIAMENTI

Concludere questo libro mi offre l'opportunità di esprimere la mia profonda gratitudine a tutte le persone che hanno avuto un ruolo cruciale nel mio viaggio personale e professionale. Ogni parola in queste pagine è frutto non solo delle mie esperienze, ma anche del sostegno e dell'ispirazione ricevuti da molti.

Innanzitutto, desidero ringraziare le oltre 135.000 persone che hanno partecipato ai miei corsi, acquistato i miei videocorsi o libri, e coloro che mi hanno scelto come loro consulente o formatore aziendale. Ogni interazione con voi è stata una fonte di ispirazione e un'occasione per affinare ulteriormente le mie competenze e conoscenze. Le vostre storie, domande e curiosità hanno arricchito immensamente questo libro, trasformandolo in una guida pratica e coinvolgente per comprendere meglio il comportamento umano in spiaggia.

Un ringraziamento speciale va alla mia famiglia: mia moglie e i miei figli, che hanno dimostrato una pazienza e un sostegno incrollabili. Grazie per aver compreso e supportato il tempo che ho dedicato allo studio e al lavoro, anche quando questo ha significato meno tempo da passare insieme. La vostra forza e il vostro amore hanno reso possibili molti dei miei successi. Le giornate trascorse insieme in spiaggia hanno ispirato molte delle osservazioni presenti in questo libro, rendendole ancora più preziose.

Non posso dimenticare di esprimere la mia gratitudine verso la mia passione per la crescita personale e la mia curiosità insaziabile. Queste qualità mi hanno spinto fin da giovane a esplorare nuove conoscenze e a cercare di comprendere il mondo e le persone intorno a me. L'osservazione delle dinamiche sociali in spiaggia ha arricchito la mia comprensione del comportamento umano e mi ha permesso di condividere con voi queste scoperte.

Un sentito ringraziamento va anche a coloro che mi hanno criticato, giudicato o osteggiato. Ogni critica è stata un'opportunità per imparare, crescere e sviluppare una resilienza che è diventata fondamentale nel mio percorso professionale e personale. Grazie per avermi insegnato l'importanza dell'autocritica e per aver contribuito, seppur indirettamente, al mio sviluppo.

I miei genitori meritano una menzione speciale per il loro sostegno incondizionato. Fin da adolescente, hanno incoraggiato e supportato il mio desiderio di apprendere e crescere, anche quando ciò comportava sacrifici economici significativi. Purtroppo, mio padre ci ha lasciato, ma so che continua a guardarmi e a incoraggiarmi da lassù. Senza il loro incoraggiamento, non sarei la persona che sono oggi. La loro presenza e i loro insegnamenti sono stati fondamentali nella mia formazione e nel mio approccio alla vita e al lavoro.

Infine, ma non per importanza, grazie a te, lettore, che hai scelto di dedicare tempo a questo manuale. Spero che le pagine che hai letto ti siano di ispirazione e di aiuto nel tuo percorso di crescita nella comprensione del comportamento umano e nella comunicazione in spiaggia. Sarò felice di ricevere un tuo feedback; ogni tuo pensiero o suggerimento sarà prezioso per migliorare ulteriormente il mio lavoro. Sentiti libero di lasciare una recensione o di scrivermi direttamente all'indirizzo a.ferrari@afcformazione.it.

Il mio augurio è che ogni lettore possa trovare in questo libro la stessa passione e ispirazione che mi hanno guidato nella sua stesura. Continuate a cercare, a imparare e a crescere. Grazie per aver intrapreso questo viaggio con me.

NOTE SULL'AUTORE

Alessandro Ferrari è un imprenditore, master trainer, e autore con una esperienza di oltre quarant'anni nel mondo aziendale, durante i quali ha acquisito una vasta esperienza e formazione con alcuni dei più importanti coach a livello mondiale.

La sua carriera ha avuto inizio nel campo scientifico e tecnico, ma ben presto si è orientato verso il mondo delle vendite e della comunicazione, iniziando a soli 17 anni come venditore porta a porta di assicurazioni sulla vita per mantenere i suoi studi. La sua abilità e dedizione lo hanno rapidamente portato a ricevere offerte di posizioni di rilievo, come quella di Capo Settore, offerta che decise di rifiutare per perseguire nuove opportunità come venditore per una delle maggiori Multinazionali mondiali nel settore Food.

Dopo tre anni di successi come agente, Alessandro è stato promosso a District Manager, ruolo che gli ha permesso di sperimentare il metodo della Job Rotation, approfondendo la sua conoscenza in tutte le divisioni aziendali. Questa esperienza gli ha fornito una profonda comprensione delle dinamiche aziendali che ha saputo trasferire nei suoi successivi ruoli direttivi in varie aziende italiane di rilievo.

Nel 2007, Alessandro ha fondato la sua prima società di consulenza e formazione, diventando in breve tempo un punto di riferimento nel settore in Italia. Ha formato più di 135.000 persone sia in aula che direttamente nelle aziende, condividendo la sua esperienza pratica e non solo teorica, accumulata sul campo.

Nel 2015 ha lanciato "ASSO DELLA VENDITA", un portale e percorso di formazione professionale dedicato a marketing e tecniche di vendita, frutto di oltre 30 anni di esperienza diretta. Inoltre, il suo roadshow sulla Comunicazione Assertiva ad oggi è già stato seguito da oltre 25.000 persone, proseguendo ora con una nuova edizione online.

Oggi, Alessandro è considerato uno dei maggiori esperti italiani di Comunicazione Professionale, Comunicazione non Verbale, e Strategie di Vendita. È un pioniere dell'Inbound Marketing e autore di numerosi eBook e videocorsi che hanno riscosso grande successo in Italia e all'estero.

Alessandro condivide la sua esperienza non solo attraverso i suoi corsi e libri, ma anche come consulente e formatore per chi cerca di crescere professionalmente e personalmente. La sua missione è quella di aiutare individui e aziende a comunicare e vendere con successo, offrendo anche consulenze gratuite per coloro che desiderano esplorare come le sue competenze possano essere di aiuto nei loro percorsi professionali.

APPENDICE E APPROFONDIMENTI

L'appendice di questo libro è dedicata a fornire ulteriori risorse e approfondimenti per aiutarti a comprendere e applicare al meglio i concetti trattati. In questa sezione, troverai le chiavi di lettura per interpretare i risultati dei test presentati nei capitoli precedenti, offrendo una guida dettagliata per comprendere meglio te stesso e le persone che incontri in spiaggia.

Risultati dei Test

I test presentati in questo libro sono progettati per aiutarti a identificare i diversi tipi di personalità e comportamenti che puoi incontrare in spiaggia. Interpretare correttamente i risultati di questi test ti permetterà di migliorare le tue interazioni sociali e di arricchire la tua esperienza al mare.

Chiavi di lettura per interpretare i risultati

Che Tipo da Spiaggia Sei?

Il test "Che Tipo da Spiaggia Sei?" ti ha permesso di identificare quale tra i diversi profili di bagnanti ti rappresenta di più. Ecco una chiave di lettura dettagliata per comprendere meglio il tuo profilo:

Il Lettore Solitario

Sei una persona che apprezza profondamente la tranquillità e il tempo trascorso in solitudine. Per te, la spiaggia rappresenta un rifugio ideale, lontano dalla frenesia quotidiana e dalle distrazioni della vita moderna. È il luogo perfetto dove puoi immergerti in un buon libro, lasciandoti trasportare dalle parole e dalle storie che leggi. Questo momento di isolamento ti permette di rilassarti completamente e di ricaricare le energie.

Creare il Tuo Rifugio in Spiaggia

Per migliorare la tua esperienza e garantire che ogni visita alla spiaggia sia piacevole e rigenerante, è importante scegliere con cura l'angolo giusto. Cerca zone meno frequentate della spiaggia, lontane dai centri di attività come i campi da beach volley o le aree dedicate ai giochi dei bambini. Spesso, le estremità della spiaggia o le piccole insenature offrono maggiore privacy e tranquillità.

Porta sempre con te un buon libro, preferibilmente uno che ti coinvolga e che ti permetta di staccare completamente la mente. Un ombrellone è un accessorio indispensabile: non solo ti fornirà l'ombra necessaria per leggere comodamente, ma creerà anche un piccolo spazio personale, isolato dagli sguardi curiosi e dal trambusto circostante. Se lo spazio lo permette, una sedia a sdraio o un lettino pieghevole possono ulteriormente migliorare il tuo comfort.

Preparazione e Attrezzatura

La preparazione è essenziale per massimizzare il tuo relax. Oltre al libro e all'ombrellone, ecco una lista di oggetti che possono arricchire la tua esperienza:

Un buon libro: Scegli un libro che desideri leggere da tempo, qualcosa che ti appassioni e che ti permetta di immergerti completamente nella lettura.

Un asciugamano grande o un tappetino: Un asciugamano grande può servirti sia per sdraiarti sia per creare uno spazio confortevole attorno a te.

Cuscino gonfiabile o da spiaggia: Per sostenere il collo e la schiena durante la lettura.

Borraccia d'acqua: È importante mantenersi idratati, soprattutto se intendi trascorrere molte ore sotto il sole.

Snack leggeri: Frutta secca, barrette di cereali o frutta fresca sono ottime opzioni per evitare cali di energia senza dover interrompere la lettura.

Cappello e occhiali da sole: Per proteggerti dal sole e rendere la lettura più confortevole.

Crema solare ad alta protezione: Anche se preferisci stare all'ombra, è importante proteggere la pelle dai raggi UV.

Strategie per un Relax Ottimale

Per garantire che la tua esperienza in spiaggia sia il più rilassante possibile, considera queste strategie:

Arriva presto: Le prime ore del mattino sono generalmente le più tranquille. Arrivando presto, potrai scegliere il posto migliore e goderti la pace prima che la spiaggia si riempia.

Pause regolari: Anche se la lettura può essere coinvolgente, prenditi delle pause per alzarti, fare una passeggiata lungo la riva e respirare profondamente l'aria di mare. Questo ti aiuterà a rilassare gli occhi e a mantenerti attivo.

Musica rilassante: Se il rumore della spiaggia diventa eccessivo, considera l'uso di cuffie con musica rilassante o suoni della natura. Questo può aiutarti a creare un'atmosfera ancora più piacevole e immersiva.

Interazioni Sociali

Anche se apprezzi la solitudine, non escludere del tutto le interazioni sociali. A volte, una breve conversazione con un vicino di ombrellone o una passeggiata con un amico può arricchire la tua giornata. Sii aperto a queste opportunità, ma sempre rispettando il tuo bisogno di tranquillità.

In conclusione, come Lettore Solitario, la spiaggia è il tuo paradiso personale, un luogo dove puoi trovare pace e rigenerazione attraverso la lettura e la solitudine. Con la giusta preparazione e qualche accorgimento, ogni giornata al mare può diventare un'esperienza indimenticabile di relax e piacere. Buona lettura e buon relax!

Le Comari

Sei una persona che ama socializzare e osservare tutto ciò che accade intorno a te. La tua curiosità e il tuo spirito d'osservazione ti portano a notare ogni dettaglio, ogni piccolo cambiamento nelle dinamiche sociali. La spiaggia, con il suo mix di persone e attività, è per te un vero e proprio palcoscenico dove poter raccogliere storie, aneddoti e gossip da condividere con gli amici. Il tuo approccio vivace e comunicativo ti rende un centro di interesse per chi ti circonda, sempre pronto a coinvolgere gli altri in conversazioni animate e divertenti.

Creare il Tuo Spazio di Socializzazione in Spiaggia

Per goderti al meglio la tua giornata in spiaggia, è importante scegliere il luogo giusto che favorisca l'interazione con gli altri. Preferisci le aree centrali della spiaggia, dove c'è maggiore affluenza di persone e maggiori opportunità di fare nuove conoscenze. Evita le zone troppo isolate o tranquille, poiché la tua energia sociale richiede un ambiente dinamico e stimolante.

Porta con te tutto il necessario per creare un punto di ritrovo accogliente:

- **Ombrellone e sedie:** Prepara uno spazio comodo dove tu e i tuoi amici possiate sedervi e chiacchierare.

- **Asciugamani e coperte:** Oltre a essere utili per prendere il sole, possono servire come posti extra per gli ospiti inattesi.

- **Cibo e bevande:** Snack leggeri e bevande fresche possono essere un ottimo modo per attirare le persone e avviare conversazioni.

Strategie per Socializzare

Per te, iniziare una conversazione è naturale come respirare. Tuttavia, alcune strategie possono aiutarti a coinvolgere più facilmente anche chi è più riservato:

- **Domande aperte:** Chiedi alle persone della loro giornata, delle loro vacanze o delle loro attività preferite in spiaggia. Domande come "Qual è il tuo posto preferito per nuotare qui?" o "Hai scoperto qualche buon ristorante nei dintorni?" possono avviare conversazioni interessanti.

- **Complimenti genuini:** Un commento su un accessorio, un libro che qualcuno sta leggendo o un'attività che stanno svolgendo può rompere il ghiaccio e portare a ulteriori scambi.

- **Condivisione di esperienze:** Racconta aneddoti divertenti o interessanti della tua vita o delle tue esperienze in spiaggia. Le storie personali possono creare un legame e invitare gli altri a condividere le loro.

Osservare e Commentare

Il tuo spirito d'osservazione è uno dei tuoi punti di forza. Prendi nota dei piccoli dettagli e usali per avviare conversazioni:

- **Commenti sugli eventi:** Se noti qualcosa di insolito o divertente, come un gruppo che gioca a beach volley o qualcuno che fa kite surf, usa questo spunto per avviare una conversazione. "Hai visto quel gruppo che gioca a beach volley? Sembrano davvero bravi!"

- **Discussioni sui trend:** Osserva le mode e i comportamenti delle persone in spiaggia. Puoi avviare discussioni su argomenti come le ultime tendenze in fatto di costumi da bagno o le migliori tecniche per abbronzarsi.

Mantenere il Rispetto e la Discrezione

Anche se ami il gossip, è importante mantenere sempre un livello di rispetto e discrezione. Ecco alcune linee guida:

- **Non diffondere voci:** Evita di condividere informazioni sensibili o potenzialmente dannose. Concentrati su gossip leggeri e innocui.

- **Rispetta la privacy:** Se noti che qualcuno preferisce rimanere riservato, rispetta il suo desiderio e non insistere per coinvolgerlo nelle conversazioni.

- **Evita giudizi:** Mantieni un tono positivo e non giudicante nelle tue discussioni. Questo aiuta a creare un'atmosfera amichevole e accogliente.

Creare Connessioni Durature

La tua capacità di socializzare ti permette di creare connessioni durature e significative. Ecco come puoi fare:

- **Organizza attività di gruppo:** Proponi giochi da spiaggia, come i racchettoni o il beach volley, e invita le persone a partecipare. Questo non solo rende la giornata più divertente, ma rafforza anche le relazioni.

- **Pianifica incontri futuri:** Se incontri persone con cui ti trovi particolarmente bene, proponi di vedervi di nuovo in spiaggia o di organizzare un'uscita serale. Scambiarsi i contatti è un buon modo per mantenere vive le nuove amicizie.

- **Partecipa a eventi comunitari:** Molte spiagge organizzano eventi, come tornei sportivi o serate a tema. Partecipare a questi eventi ti offre ulteriori opportunità di socializzare e fare nuove conoscenze.

Conclusione

Essere una delle "Comari" significa sfruttare al massimo ogni opportunità di socializzazione, osservando con curiosità e commentando con vivacità ciò che accade intorno a te. La tua capacità di creare conversazioni interessanti e di coinvolgere le persone rende la tua presenza in spiaggia un valore aggiunto per tutti. Con il giusto equilibrio tra curiosità e rispetto, potrai rendere ogni giornata al mare un'esperienza ricca di interazioni significative e momenti divertenti. Buona socializzazione e buon divertimento in spiaggia!

Il Re del Beach Volley

Sei sempre in movimento e pronto per l'azione. Per te, la spiaggia non è solo un luogo di relax, ma un vero e proprio campo di gioco dove poter sfogare la tua energia e competere. Lo sport e la competizione sono nel tuo DNA, e il beach volley è la tua passione principale. Partecipare a tornei e attività sportive non solo ti rende felice, ma ti offre anche l'opportunità di socializzare e stringere nuove amicizie. Tuttavia, è importante ricordare di mantenere un atteggiamento positivo e inclusivo, invitando anche i meno esperti a unirsi ai giochi.

Creare il Tuo Campo di Gioco in Spiaggia

Per sfruttare al meglio la tua giornata in spiaggia, è essenziale prepararti adeguatamente. Ecco alcuni suggerimenti per creare il tuo campo di gioco ideale:

- **Attrezzatura:** Porta sempre con te un buon pallone da beach volley e, se possibile, una rete. Molte spiagge attrezzate dispongono già di reti montate, ma avere la tua ti garantisce la possibilità di giocare ovunque.

- **Abbigliamento:** Indossa abbigliamento sportivo comodo e leggero. I costumi da bagno tecnici e le magliette traspiranti sono ideali per mantenerti fresco e libero nei movimenti.

- **Protezione solare:** Usa una crema solare ad alta protezione, un cappello e occhiali da sole per proteggerti dai raggi UV durante le lunghe sessioni di gioco.

- **Idratazione:** Porta con te una borraccia d'acqua e assicurati di bere regolarmente per mantenerti idratato.

Strategie per il Gioco

Coinvolgere Altri Giocatori

Una delle tue qualità principali è la capacità di coinvolgere gli altri nelle attività sportive. Ecco come puoi farlo:

- **Invita i passanti:** Non esitare a invitare persone che vedi interessate a unirsi alla partita. Un semplice "Vuoi giocare con noi?" può fare una grande differenza.

- **Accogli i principianti:** Non tutti sono esperti di beach volley, ma la tua inclusività può rendere la giornata di qualcuno speciale. Dai consigli e incoraggia chi è meno esperto.

- **Forma squadre miste:** Creare squadre con giocatori di diversi livelli di abilità rende il gioco più divertente e bilanciato. Assicurati che tutti abbiano l'opportunità di partecipare e divertirsi.

Gestire il Gioco

Per garantire che ogni partita sia piacevole per tutti, è importante gestire bene il gioco:

- **Regole chiare:** Prima di iniziare, assicurati che tutti conoscano e accettino le regole del gioco. Questo aiuta a prevenire malintesi e conflitti.

- **Fair play:** Mantieni sempre un atteggiamento di fair play. Rispetta gli avversari e i compagni di squadra, e incoraggia tutti a fare lo stesso.

- **Pausa e recupero:** Durante le partite lunghe, pianifica delle pause per riposarti e reidratarti. Questo non solo migliora le prestazioni, ma aiuta anche a prevenire infortuni.

Benefici del Beach Volley

Il beach volley offre numerosi benefici sia fisici che sociali:

- **Fitness completo:** Giocare a beach volley migliora la resistenza cardiovascolare, la forza muscolare, la coordinazione e l'agilità. È un allenamento completo che coinvolge tutto il corpo.

- **Socializzazione:** Partecipare a giochi di gruppo favorisce la socializzazione e aiuta a creare legami con nuove persone. Il beach volley, in particolare, richiede comunicazione e collaborazione, rafforzando così le relazioni interpersonali.

- **Benessere mentale:** L'attività fisica all'aperto riduce lo stress e migliora l'umore. La combinazione di esercizio fisico, sole e aria fresca ha effetti positivi sul benessere mentale.

Organizzare Tornei

Se sei un vero appassionato, potresti considerare l'organizzazione di tornei di beach volley. Ecco alcuni consigli per farlo con successo:

- **Pianificazione:** Scegli una data e un'ora che vadano bene per la maggior parte delle persone interessate. Assicurati che la spiaggia scelta sia adatta e disponibile.

- **Promozione:** Promuovi il torneo attraverso i social media, gruppi di amici e bacheche della comunità locale. Più persone raggiungi, più grande sarà l'evento.

- **Regole del torneo:** Stabilisci regole chiare per il torneo, inclusi formato, punteggio e premi. Considera la possibilità di avere categorie diverse per vari livelli di abilità.

- **Divertimento e sicurezza:** Assicurati che il torneo sia divertente e sicuro per tutti i partecipanti. Prevedi pause, rinfreschi e assistenza medica di base.

Conclusione

Essere il "Re del Beach Volley" significa molto di più che essere un bravo giocatore. Significa anche essere un leader positivo, capace di coinvolgere e motivare gli altri, creando un ambiente inclusivo e divertente. Con la tua energia e passione, puoi rendere ogni giornata in spiaggia un'esperienza indimenticabile per te e per chi ti circonda. Ricorda di mantenere sempre un atteggiamento positivo, di rispettare tutti i partecipanti e di goderti ogni momento di gioco. Buon divertimento e buone partite di beach volley!

Il Fotografo Social

La tua passione per la fotografia e la condivisione di momenti speciali è evidente. Per te, la spiaggia è molto più di un luogo di relax; è un palcoscenico perfetto per catturare immagini mozzafiato e creare contenuti affascinanti per i social media. Con il tuo occhio attento ai dettagli e la tua creatività, trasformi ogni giornata in spiaggia in un'opportunità per raccontare storie visive. Tuttavia, è essenziale ricordare l'importanza di rispettare la privacy degli altri bagnanti e di chiedere il permesso prima di scattare foto in cui appaiono persone.

Creare il Tuo Set Fotografico in Spiaggia

Per sfruttare al meglio la tua passione fotografica, è fondamentale essere ben preparato. Ecco alcuni suggerimenti per creare il tuo set fotografico ideale:

- **Attrezzatura Fotografica:** Porta con te una fotocamera di buona qualità, preferibilmente una reflex digitale (DSLR) o una mirrorless. Se preferisci usare lo smartphone, assicurati di avere un modello con una buona fotocamera e porta accessori come obiettivi aggiuntivi e un treppiede portatile.

- **Protezione dell'Attrezzatura:** Usa custodie impermeabili per proteggere la tua attrezzatura dalla sabbia e dall'acqua. Un panno in microfibra è utile per pulire le lenti e mantenere l'attrezzatura in perfette condizioni.

- **Accessori Utili:** Porta con te batterie di ricambio, schede di memoria aggiuntive e un power bank per assicurarti di non rimanere senza energia durante la giornata. Un parasole per l'obiettivo può aiutare a ridurre il bagliore del sole nelle tue foto.

Strategie per Scatti Perfetti

La luce naturale della spiaggia offre condizioni ideali per la fotografia. Ecco come sfruttarla al meglio:

- **Luce del Mattino e del Tramonto:** Le ore subito dopo l'alba e prima del tramonto, conosciute come "golden hour", offrono una luce calda e morbida che è perfetta per la fotografia. Questi momenti della giornata producono ombre lunghe e un'atmosfera magica.

- **Luce di Mezzogiorno:** Anche se la luce di mezzogiorno può essere intensa, può comunque essere sfruttata per scatti drammatici. Cerca di usare l'ombra per creare contrasti interessanti e di evitare la sovraesposizione.

Composizione e Inquadratura

La composizione è fondamentale per scattare foto accattivanti. Ecco alcuni suggerimenti:

- **Regola dei Terzi:** Immagina di dividere il fotogramma in nove sezioni uguali con due linee orizzontali e due verticali. Posiziona i soggetti principali lungo queste linee o nei punti in cui si intersecano per creare una composizione equilibrata.

- **Prospettive Creative:** Sperimenta con diverse angolazioni e prospettive. Scatta foto da punti bassi per far sembrare i soggetti più imponenti o da punti alti per catturare ampie vedute panoramiche.

- **Elementi di Contesto:** Includi elementi caratteristici della spiaggia, come conchiglie, ombrelloni, o le onde del mare, per arricchire le tue foto e raccontare una storia più completa.

Rispetto della Privacy e delle Norme

La tua passione per la fotografia deve sempre essere bilanciata dal rispetto per gli altri bagnanti. Ecco alcune linee guida:

- **Chiedi il Permesso:** Prima di scattare foto in cui appaiono persone, chiedi sempre il loro permesso. Questo è particolarmente importante se intendi condividere le immagini sui social media. Un semplice "Posso scattare una foto?" è sufficiente.

- **Rispetta la Privacy:** Evita di fotografare bambini senza il consenso dei genitori e rispetta le aree private o riservate. Se qualcuno esprime disagio nel essere fotografato, rispetta immediatamente la loro richiesta.

- **Regole della Spiaggia:** Alcune spiagge hanno regolamenti specifici riguardo alla fotografia. Informati e assicurati di rispettare tutte le norme locali per evitare problemi.

Creazione di Contenuti per i Social Media

Oltre a scattare foto, ti piace condividere le tue immagini sui social media per raccontare storie e ispirare gli altri. Ecco come farlo in modo efficace:

- **Editing delle Immagini:** Usa software di editing come Adobe Lightroom o app come VSCO per migliorare le tue foto. Regola la luminosità, il contrasto e la saturazione per rendere le immagini più vivide e attraenti.

- **Storytelling:** Accompagna le tue foto con didascalie coinvolgenti che raccontino una storia o descrivano l'esperienza vissuta. Condividere aneddoti personali o informazioni interessanti sulla località rende il tuo contenuto più ricco.

- **Hashtag e Geotag:** Utilizza hashtag pertinenti e geotag per aumentare la visibilità delle tue foto. Questo aiuta a raggiungere un pubblico più ampio e a connetterti con persone che condividono i tuoi interessi.

Coinvolgere la Comunità

Parte della tua gioia nel fotografare è connettersi con gli altri. Ecco come puoi farlo:

- **Collaborazioni:** Collabora con altri fotografi o influencer locali per progetti comuni. Questo può portare a nuove opportunità e a una maggiore esposizione.

- **Eventi Fotografici:** Partecipa a workshop di fotografia o eventi organizzati sulla spiaggia. Questi eventi non solo offrono opportunità di apprendimento, ma anche di socializzazione con altre persone appassionate di fotografia.

- **Condivisione e Feedback:** Condividi le tue foto su piattaforme come Instagram, Flickr o 500px e chiedi feedback alla comunità. Il feedback costruttivo ti aiuta a migliorare le tue abilità e a crescere come fotografo.

Conclusione

Essere un "Fotografo Social" significa vedere il mondo attraverso l'obiettivo e catturare la bellezza dei momenti speciali. La spiaggia offre uno sfondo unico e dinamico per la tua creatività. Ricorda sempre di bilanciare la tua passione con il rispetto per gli altri bagnanti, creando un ambiente armonioso e piacevole per tutti. Con la giusta preparazione, attenzione ai dettagli e rispetto delle norme, potrai trasformare ogni giornata in spiaggia in un'opportunità per raccontare storie visive mozzafiato. Buone foto e buon divertimento!

La Regina dell'Abbronzatura

Per te, la spiaggia è sinonimo di relax e di una perfetta abbronzatura dorata. La tua attenzione alla cura della pelle è meticolosa e ben pianificata, e ogni visita alla spiaggia è un'opportunità per ottenere quel colorito ideale. Dedichi tempo e impegno per assicurarti che la tua abbronzatura sia uniforme e sicura, combinando strategie di esposizione al sole con tecniche di protezione e idratazione. La tua pelle luminosa è il risultato di una preparazione accurata e di una dedizione costante.

Creare il Tuo Spazio di Relax in Spiaggia

Per ottenere l'abbronzatura perfetta, è fondamentale prepararsi adeguatamente e creare un ambiente confortevole. Ecco come fare:

- **Ombrellone e Lettino:** Porta con te un ombrellone per creare un'area di ombra dove poterti riposare. Un lettino regolabile è ideale per trovare la posizione perfetta per abbronzarsi e rilassarsi.

- **Telo Mare di Qualità:** Scegli un telo mare ampio e morbido, preferibilmente in tessuto di cotone, che sia comodo per sdraiarti e che permetta alla tua pelle di respirare.

- **Cuscino Gonfiabile:** Un cuscino gonfiabile ti aiuterà a sostenere la testa e il collo, permettendoti di trovare la posizione più comoda mentre ti abbronzi.

Preparazione della Pelle

Una pelle ben curata è fondamentale per un'abbronzatura uniforme e duratura. Ecco alcuni consigli per preparare la tua pelle prima di andare in spiaggia:

- **Esfoliazione:** Esfolia la pelle un giorno prima di andare in spiaggia per rimuovere le cellule morte e ottenere un colorito uniforme. Usa uno scrub delicato per il corpo e un esfoliante specifico per il viso.

- **Idratazione:** Idrata la pelle con una buona crema idratante dopo l'esfoliazione. Una pelle ben idratata abbronza meglio e mantiene il colorito più a lungo.

Protezione Solare

La protezione solare è essenziale per mantenere la pelle sana e prevenire danni causati dai raggi UV. Ecco come utilizzarla correttamente:

- **Scegliere il Giusto SPF:** Usa una crema solare con un SPF adatto al tuo tipo di pelle. Per le prime esposizioni, è consigliabile un SPF 30 o superiore. Man mano che la pelle si abbronza, puoi ridurre l'SPF a 15 o 20, ma mai meno.

- **Applicazione Corretta:** Applica la crema solare almeno 20-30 minuti prima di esporre la pelle al sole. Assicurati di coprire tutte le aree del corpo, inclusi orecchie, piedi e collo. Riapplica la protezione ogni due ore e dopo ogni bagno o sudata intensa.

- **Protezione Specifica per il Viso:** Usa una protezione solare specifica per il viso con ingredienti adatti alla pelle del viso, che è più delicata e sensibile.

Tecniche di Abbronzatura

Per ottenere un'abbronzatura uniforme e dorata, segui queste tecniche:

- **Rotazione Regolare:** Cambia posizione ogni 15-20 minuti per evitare scottature e ottenere un'abbronzatura uniforme. Sdraiati sulla schiena, poi sullo stomaco e infine sui lati.

- **Evitare le Ore di Picco:** Limita l'esposizione diretta al sole durante le ore di picco, solitamente tra le 11:00 e le 15:00, quando i raggi UV sono più intensi. Approfitta di queste ore per riposarti all'ombra o fare una passeggiata.

- **Abbigliamento Protettivo:** Indossa un cappello a tesa larga e occhiali da sole per proteggere il viso e gli occhi. Usa copricostume leggeri quando ti sposti sulla spiaggia.

Idratazione e Nutrizione

Mantenere la pelle idratata è fondamentale per un'abbronzatura sana e duratura. Ecco alcuni consigli:

- **Acqua:** Bevi molta acqua durante la giornata per mantenerti idratata. Porta con te una borraccia e sorseggia regolarmente.

- **Snack Nutrienti:** Scegli snack ricchi di antiossidanti come frutta fresca (anguria, melone, fragole) e verdure (carote, peperoni) che aiutano a proteggere la pelle dai danni del sole.

- **Lozioni Doposole:** Dopo l'esposizione al sole, applica una lozione doposole idratante e lenitiva per rinfrescare la pelle e prolungare l'abbronzatura.

Attenzione ai Segnali della Pelle

La tua pelle ti manda segnali su come sta reagendo al sole. Ecco come riconoscerli e agire di conseguenza:

- **Arrossamenti:** Se noti arrossamenti o senti la pelle che brucia, cerca subito l'ombra e applica una crema lenitiva. L'arrossamento è il primo segno di scottatura e deve essere trattato immediatamente.

- **Desquamazione:** Se la pelle inizia a desquamarsi, è un segno che hai preso troppo sole. Idrata la pelle con creme ricche di aloe vera o burro di karité per favorire la rigenerazione.

- **Macchie Solari:** Se compaiono macchie scure, riduci l'esposizione e consulta un dermatologo per un consiglio professionale su come trattarle.

Conclusione

Essere la "Regina dell'Abbronzatura" significa dedicare tempo e cura alla tua pelle per ottenere un colorito dorato e uniforme, senza comprometterne la salute. Con la giusta preparazione, l'uso corretto della protezione solare e una routine di idratazione e nutrizione, puoi goderti al massimo la tua giornata in spiaggia, raggiungendo l'abbronzatura perfetta in modo sicuro e piacevole. Ricorda sempre di ascoltare i segnali della tua pelle e di adottare un approccio equilibrato all'esposizione al sole. Buon relax e buona abbronzatura!

La Famiglia Allegra

Ami trascorrere il tempo con la tua famiglia e organizzare attività divertenti per tutti. La spiaggia è il tuo parco giochi, dove la gioia e la condivisione sono al centro della giornata. Ogni visita al mare è un'opportunità per creare ricordi indimenticabili con i tuoi cari, unendo relax e divertimento in un ambiente naturale e stimolante. Per rendere l'esperienza ancora più piacevole, è fondamentale pianificare in anticipo giochi, snack e tutte le necessità per la sicurezza e la comodità dei bambini.

Creare il Tuo Spazio Familiare in Spiaggia

Per godere al massimo del tempo trascorso in spiaggia con la famiglia, è importante creare un ambiente confortevole e sicuro. Ecco come fare:

- **Ombrelloni e Tendalini:** Porta con te uno o più ombrelloni per creare un'ampia area d'ombra. I tendalini sono ideali per fornire ulteriore protezione dal sole e creare uno spazio dove i bambini possono riposarsi e giocare al riparo dai raggi solari.

- **Teli e Coperte:** Utilizza grandi teli mare e coperte per creare una base comoda dove la famiglia può sedersi, mangiare e rilassarsi. I tappetini in schiuma possono aggiungere ulteriore comfort.

- **Sedie e Lettini:** Porta sedie pieghevoli e lettini per assicurare a tutti un posto comodo dove sedersi. I lettini regolabili sono perfetti per rilassarsi e prendere il sole.

Preparazione e Attrezzatura

Una buona preparazione è essenziale per garantire che tutti si divertano e che le esigenze di ciascuno siano soddisfatte. Ecco alcuni consigli su cosa portare:

- **Snack e Bevande:** Prepara una borsa frigo con snack sani e bevande rinfrescanti. Frutta fresca, sandwich, barrette di cereali e yogurt sono ottimi per mantenere i bambini energici e idratati. Porta molta acqua per evitare la disidratazione.

- **Giochi e Attività:** Porta con te una varietà di giochi da spiaggia, come secchielli e palette per costruire castelli di sabbia, palloni, racchettoni e frisbee. Puzzle e giochi da tavolo portatili possono essere utili durante le ore più calde della giornata.

- **Sicurezza:** Non dimenticare di portare un kit di pronto soccorso con cerotti, disinfettante, pinzette e creme per le scottature. Assicurati di avere protezione solare adeguata per tutti e di applicarla regolarmente. Cappelli a tesa larga e occhiali da sole sono indispensabili per proteggere gli occhi e il viso dal sole.

Pianificazione delle Attività

Pianificare le attività in anticipo può rendere la giornata più organizzata e piacevole. Ecco alcune idee:

- **Giochi di Gruppo:** Organizza giochi di gruppo come la caccia al tesoro, il pallavolo in acqua o le gare di costruzione di castelli di sabbia. Queste attività non solo divertono, ma favoriscono anche la cooperazione e la socializzazione tra i bambini.

- **Momenti di Relax:** Alterna momenti di gioco attivo con pause di relax. Leggere storie sotto l'ombrellone, fare picnic o semplicemente rilassarsi ascoltando il suono delle onde può essere molto piacevole.

- **Escursioni e Esplorazioni:** Se la spiaggia lo permette, organizza piccole escursioni lungo la costa o esplorazioni di pozze di marea. Questo può essere un modo educativo e divertente per insegnare ai bambini qualcosa sulla natura e la vita marina.

Cura e Comfort dei Bambini

Il benessere dei bambini è la tua priorità. Ecco come assicurarti che siano sempre comodi e al sicuro:

- **Abbigliamento Adeguato:** Vestili con costumi da bagno comodi e leggeri, preferibilmente con protezione UV. Porta con te cambi di vestiti asciutti per quando finiscono di giocare in acqua.

- **Riposo e Idratazione:** Assicurati che i bambini facciano pause regolari per bere e riposare all'ombra. Evita che restino troppo a lungo sotto il sole per prevenire colpi di calore e disidratazione.

- **Monitoraggio Costante:** Tieni sempre d'occhio i bambini, specialmente quando sono in acqua. Assicurati che rispettino le regole di sicurezza e che non si allontanino troppo dalla tua vista.

Creare Ricordi Speciali

La spiaggia offre infinite opportunità per creare ricordi speciali con la tua famiglia. Ecco alcuni suggerimenti per rendere ogni giornata indimenticabile:

- **Fotografie e Video:** Scatta foto e registra video delle attività e dei momenti più belli. Questi ricordi visivi saranno preziosi per rivivere le emozioni della giornata.

- **Racconti e Disegni.** Incoraggia i bambini a raccontare o disegnare le loro esperienze al termine della giornata. Questo può diventare un momento di condivisione e riflessione molto piacevole.

- **Ricordi della Spiaggia:** Raccogli conchiglie, sassolini o altri piccoli souvenir che i bambini possono portare a casa come ricordo della giornata. Questi piccoli tesori possono essere usati per creare artigianato o semplicemente conservati come memorie tangibili delle avventure in spiaggia.

Conclusione

Essere la "Famiglia Allegra" significa valorizzare ogni momento trascorso insieme in spiaggia, creando un ambiente di gioia, condivisione e divertimento. Con una buona pianificazione e attenzione ai dettagli, puoi assicurarti che ogni giornata al mare sia un'esperienza piacevole e sicura per tutti. Ricorda di bilanciare le attività con momenti di relax e di sempre prestare attenzione alle esigenze dei più piccoli. Buon divertimento e goditi ogni istante con la tua famiglia sulla spiaggia!

Il Nostalgico degli Anni '80

Ami rivivere i bei tempi passati e condividere storie e musica degli anni '80. Per te, la spiaggia non è solo un luogo di relax, ma un vero e proprio palcoscenico dove riportare in vita l'atmosfera unica di quel decennio. La tua passione per gli anni '80 si riflette non solo nella musica che ascolti, ma anche nel modo in cui ti vesti e nelle storie che ami raccontare. La spiaggia è il luogo ideale per immergerti in un'atmosfera vintage e fare nuove conoscenze che condividono i tuoi interessi.

Creare l'Atmosfera Anni '80 in Spiaggia

Per ricreare l'atmosfera degli anni '80 in spiaggia, è importante prepararsi adeguatamente. Ecco come fare:

- **Playlist di Musica Retrò:** Prepara una playlist con i più grandi successi degli anni '80. Usa un altoparlante portatile per diffondere le note di artisti come Madonna, Michael Jackson, Duran Duran, e Bon Jovi. La musica è il modo più immediato per riportare tutti indietro nel tempo e creare un'atmosfera nostalgica.

- **Abbigliamento a Tema:** Indossa abiti ispirati agli anni '80, come costumi da bagno colorati, occhiali da sole oversize e bandane. Non dimenticare un cappello da visiera o un berretto con logo retrò. Anche piccoli dettagli come i braccialetti di gomma o gli orologi digitali possono fare la differenza.

- **Accessori Vintage:** Porta con te accessori che ricordano gli anni '80, come una palla da spiaggia con colori sgargianti, un frisbee fluorescente, o un walkman (anche se solo per l'effetto estetico).

Condivisione di Storie e Aneddoti

Parte della tua gioia nel vivere gli anni '80 è condividere le storie e gli aneddoti di quel periodo. Ecco come animare le conversazioni:

- **Racconti Personali:** Condividi storie personali del passato, come le prime esperienze con la musica, i concerti memorabili o le vacanze estive trascorse con amici. Le tue storie possono ispirare gli altri a condividere le loro esperienze e creare un legame speciale.

- **Cultura Pop:** Parla di film iconici, serie TV e personaggi che hanno definito gli anni '80. Chiedi agli altri quali erano i loro preferiti e discuti su come queste opere hanno influenzato la cultura popolare.

- **Giochi Retrò:** Porta giochi da spiaggia tipici degli anni '80, come il frisbee o le racchette, e organizza partite con i nuovi amici. Anche semplici quiz sulla cultura degli anni '80 possono essere molto divertenti.

Musica Retrò e Divertimento

La musica degli anni '80 è una parte fondamentale della tua esperienza in spiaggia. Ecco come incorporarla nella tua giornata:

- **Sessioni di Ascolto:** Organizza momenti dedicati all'ascolto della tua playlist. Invita chiunque sia interessato a unirsi a te per una sessione di ascolto, magari al tramonto, per creare un'atmosfera ancora più suggestiva.

- **Karaoke Anni '80:** Se hai un altoparlante con funzione karaoke, organizza una sessione di karaoke con i successi degli anni '80. Questo può essere un modo divertente per coinvolgere tutti e creare un ambiente festoso.

- **Balli di Gruppo:** Insegna i balli più famosi degli anni '80, come il moonwalk o il running man. Organizza piccole competizioni o semplicemente balla per divertirti con gli altri.

Creare Connessioni

Il tuo amore per gli anni '80 è un ottimo modo per fare nuove conoscenze. Ecco come creare connessioni significative:

- **Incontri Tematici:** Organizza incontri tematici in spiaggia, invitando le persone a vestirsi a tema e a portare con sé oggetti degli anni '80. Questo può essere un modo divertente per riunire persone con interessi simili.

- **Condivisione di Ricordi:** Invita gli altri a condividere i loro ricordi degli anni '80. Chiedi quali erano le loro canzoni preferite, i loro film cult o le loro mode preferite. Condividere ricordi può creare un legame forte e duraturo.

- **Social Media e Gruppi:** Se incontri persone con la stessa passione per gli anni '80, scambia i contatti e continua a condividere la tua passione anche dopo la giornata in spiaggia. Crea gruppi su social media dove puoi condividere musica, film e storie degli anni '80.

Rispettare la Spiaggia e gli Altri

Anche se la tua passione è coinvolgente, è importante ricordare di rispettare la spiaggia e gli altri bagnanti. Ecco come fare:

- **Volume della Musica:** Mantieni il volume della musica a un livello che sia piacevole per te e per chi ti circonda senza disturbare chi cerca tranquillità.

- **Privacy:** Se stai scattando foto o facendo video, assicurati di rispettare la privacy degli altri bagnanti. Chiedi sempre il permesso prima di includere qualcuno nelle tue riprese.

- **Ambiente Pulito:** Raccogli sempre i rifiuti e lascia la spiaggia pulita. Porta con te sacchetti per raccogliere eventuali rifiuti e cerca di utilizzare materiali ecologici.

Conclusione

Essere il "Nostalgico degli Anni '80" significa portare con te la magia di un decennio indimenticabile e condividerla con chi ti circonda. Con la giusta preparazione, un atteggiamento rispettoso e una grande dose di entusiasmo, puoi trasformare ogni giornata in spiaggia in un viaggio nel tempo, ricco di musica, storie e nuove amicizie. Goditi ogni momento e continua a diffondere la tua passione per gli anni '80!

Il Minimalista Zen

Prediligi la semplicità e trovi pace nelle piccole cose. La spiaggia è il tuo santuario di tranquillità, un luogo dove puoi distaccarti dal caos quotidiano e immergerti nella serenità della natura. Per te, ogni visita al mare è un'opportunità per rigenerarti attraverso pratiche come yoga e meditazione, e per godere della bellezza semplice e pura del paesaggio costiero. La tua filosofia di vita si riflette nel modo in cui vivi le tue giornate in spiaggia: scegliendo angoli meno affollati e portando con te solo l'essenziale, crei un'esperienza di benessere e serenità.

Creare il Tuo Santuario di Tranquillità in Spiaggia

Per vivere al meglio la tua esperienza in spiaggia, è importante scegliere il luogo giusto e prepararti adeguatamente. Ecco alcuni suggerimenti:

- **Scelta del Luogo:** Cerca angoli tranquilli e meno affollati della spiaggia, lontani dai centri di attività come i bar o i campi da gioco. Le estremità della spiaggia o le piccole insenature possono offrire maggiore privacy e silenzio.

- **Set di Essenziali:** Porta con te solo ciò di cui hai realmente bisogno. Un telo mare, un tappetino da yoga, una borraccia d'acqua e qualche snack leggero sono tutto ciò che serve per vivere una giornata all'insegna della semplicità.

Pratiche di Benessere

La spiaggia è il luogo ideale per praticare attività che promuovono il benessere fisico e mentale. Ecco alcune pratiche che puoi integrare nella tua giornata:

- **Yoga:** Porta un tappetino da yoga e pratica le tue asana preferite. La sabbia morbida e il suono delle onde creano un ambiente perfetto per rilassarti e connetterti con te stesso. Posizioni come il Saluto al Sole, la Posizione del Bambino e il Guerriero sono ideali per iniziare la giornata.

- **Meditazione:** Trova un angolo tranquillo, siediti comodamente e chiudi gli occhi. Concentrati sul respiro e lasciati cullare dal suono del mare. La meditazione in spiaggia può aiutarti a liberare la mente dallo stress e a raggiungere uno stato di profonda calma interiore.

- **Camminata Consapevole:** Cammina lungo la riva del mare, prestando attenzione a ogni passo, al contatto dei piedi con la sabbia e al ritmo delle onde. Questa pratica di camminata consapevole ti aiuta a rimanere presente e a godere del momento.

Semplicità e Comfort

Per vivere un'esperienza davvero minimalista, è importante focalizzarsi sulla semplicità e sul comfort. Ecco come fare:

- **Abbigliamento Comodo:** Indossa abiti leggeri e traspiranti che ti permettano di muoverti liberamente. Un costume da bagno semplice, un pareo o un pantalone leggero e una maglietta in cotone sono perfetti per mantenerti fresco e comodo.

- **Protezione Solare:** Usa una protezione solare ad alta protezione per proteggere la pelle dai danni del sole. Scegli un prodotto naturale e privo di sostanze chimiche aggressive per rispettare sia la tua pelle che l'ambiente.

- **Idratazione e Nutrizione:** Porta con te una borraccia d'acqua riutilizzabile per mantenerti idratato durante tutta la giornata. Scegli snack leggeri e salutari, come frutta fresca, noci e semi, che ti forniscono energia senza appesantirti.

Connessione con la Natura

La tua filosofia minimalista ti porta a valorizzare la connessione con la natura. Ecco alcuni modi per approfondire questa connessione:

- **Osservazione della Natura:** Dedica del tempo a osservare l'ambiente circostante. Guarda le onde che si infrangono sulla riva, ascolta il canto degli uccelli e osserva il movimento delle nuvole. Questa pratica di osservazione può aiutarti a sentirti più connesso con il mondo naturale.

- **Raccogliere Conchiglie:** Raccogli conchiglie, sassolini o altri piccoli tesori naturali che trovi lungo la spiaggia. Questi oggetti possono diventare ricordi tangibili della tua giornata e servirti come strumenti di meditazione o decorazioni per la tua casa.

- **Pulizia della Spiaggia:** Porta con te un sacchetto e raccogli eventuali rifiuti che trovi lungo la spiaggia. Questa semplice azione non solo aiuta l'ambiente, ma ti permette di contribuire attivamente alla preservazione della bellezza naturale del luogo.

Creare un Ambiente di Serenità

Anche in spiaggia, puoi creare un ambiente che favorisca la serenità e il relax. Ecco come:

- **Musica Rilassante:** Porta con te un dispositivo con cuffie e crea una playlist di musica rilassante o suoni della natura. Questo può aiutarti a creare un'atmosfera ancora più tranquilla e a isolarti dal rumore circostante.

- **Letture Ispiratrici:** Porta con te un libro o una rivista che ti ispirino e ti rilassino. Scegli letture che favoriscano la riflessione e il benessere interiore, come libri di filosofia, spiritualità o poesie.

- **Aromaterapia:** Se possibile, porta con te oli essenziali naturali, come lavanda o eucalipto, che puoi applicare sui polsi o diffondere nell'aria per creare un'atmosfera di calma e serenità.

Conclusione

Essere un "Minimalista Zen" significa trovare pace e gioia nelle piccole cose, vivendo ogni momento con consapevolezza e gratitudine. La spiaggia, con la sua bellezza semplice e naturale, è il luogo perfetto per praticare questa filosofia di vita. Con una preparazione adeguata e un'attenzione costante alla semplicità e al benessere, puoi trasformare ogni visita al mare in un'esperienza di rigenerazione e serenità. Goditi ogni istante e lascia che la tranquillità della spiaggia ti avvolga completamente. Buon relax e buona connessione con la natura!

Il Party Animal

Sei l'anima della festa e adori organizzare eventi sociali in spiaggia. La tua energia è contagiosa e riesci a trasformare ogni giornata in un evento memorabile. Per te, la spiaggia è il luogo perfetto per socializzare, ballare, giocare e creare ricordi indimenticabili con amici e nuove conoscenze. La tua capacità di coinvolgere gli altri e di organizzare attività divertenti fa di te il centro dell'attenzione e una fonte inesauribile di allegria. Tuttavia, è importante ricordare di rispettare gli altri bagnanti, mantenendo il volume della musica a un livello ragionevole e invitando tutti a partecipare alle tue attività in modo inclusivo.

Creare il Tuo Spazio per la Festa in Spiaggia

Per garantire che la tua festa in spiaggia sia un successo, è fondamentale prepararsi adeguatamente. Ecco come creare il tuo spazio ideale:

- **Set Up della Festa:** Porta con te ombrelloni, tende da spiaggia e coperte per creare un'area accogliente dove gli amici possono radunarsi. Usa luci decorative a batteria per aggiungere un tocco festoso al tuo spazio.

- **Altoparlanti Portatili:** Un buon altoparlante portatile è essenziale per la tua festa. Scegli un modello impermeabile e con una buona durata della batteria. Ricorda di mantenere il volume a un livello che non disturbi gli altri bagnanti e che rispetti le regole della spiaggia.

Organizzare Attività e Giochi

La tua abilità nel coinvolgere gli altri è la chiave per una festa di successo. Ecco alcune idee per attività e giochi che possono animare la tua giornata in spiaggia:

- **Giochi di Gruppo:** Organizza tornei di beach volley, gare di castelli di sabbia o partite di racchettoni. Questi giochi non solo sono divertenti, ma favoriscono anche la socializzazione e la creazione di nuove amicizie.

- **Karaoke:** Porta con te un dispositivo karaoke e organizza sessioni di canto. Il karaoke è un'attività che coinvolge e diverte tutti, permettendo a ciascuno di mostrare il proprio talento e di cantare le loro canzoni preferite.

- **Competizioni Amichevoli:** Organizza gare di tuffi, staffette o giochi di squadra. Premi simbolici come conchiglie decorate o piccoli trofei possono rendere le competizioni ancora più entusiasmanti.

Creare un'Atmosfera Festosa

Per creare un'atmosfera festosa, ogni dettaglio conta. Ecco alcuni suggerimenti:

- **Musica:** Prepara una playlist con i successi del momento e i classici intramontabili. Alterna generi diversi per accontentare tutti i gusti musicali. Le app di streaming musicale possono aiutarti a trovare le playlist perfette per ogni momento della giornata.

- **Decorazioni:** Usa decorazioni colorate come palloncini, festoni e bandierine per abbellire il tuo spazio. Le decorazioni non solo rendono l'ambiente più festoso, ma aiutano anche a identificare facilmente il punto di ritrovo per tutti.

- **Luci e Lanterne:** Se la festa continua fino al tramonto, le luci decorative e le lanterne possono creare un'atmosfera magica. Le luci a batteria o solari sono ideali per la spiaggia, poiché sono facili da usare e sicure.

Snack e Bevande

Offrire snack e bevande è essenziale per mantenere alta l'energia della festa. Ecco come fare:

- **Snack Leggeri:** Prepara una selezione di snack leggeri come frutta fresca, patatine, popcorn e barrette di cereali. I finger food sono perfetti per le feste in spiaggia perché sono facili da mangiare e condividere.

- **Bevande Rinfrescanti:** Porta con te bevande rinfrescanti come succhi di frutta, tè freddo e acqua aromatizzata. Se la spiaggia lo permette, puoi anche preparare cocktail leggeri e dissetanti. Ricorda di portare abbastanza bicchieri e cannucce biodegradabili per tutti.

- **Ghiaccio e Refrigerazione:** Usa borse frigo e ghiaccioli per mantenere fresche le bevande e gli snack. Assicurati di avere abbastanza ghiaccio per tutta la giornata.

Coinvolgimento Inclusivo

Parte del tuo talento come Party Animal è la tua capacità di far sentire tutti inclusi. Ecco come assicurarti che nessuno si senta escluso:

- **Inviti Aperti:** Invita chiunque sia nei dintorni a unirsi alla festa. Un semplice "Vuoi unirti a noi?" può fare una grande differenza.

- **Giochi Inclusivi:** Scegli giochi e attività che siano accessibili a tutti, indipendentemente dall'età o dal livello di abilità. L'obiettivo è che tutti si divertano e partecipino.

- **Ascolto e Rispetto:** Ascolta i desideri e le esigenze degli altri. Se qualcuno preferisce un'attività più tranquilla, cerca di accomodarlo o suggerisci un'alternativa che possa piacere a entrambi.

Rispetto per gli Altri

Mentre ti diverti, è importante ricordare di rispettare gli altri bagnanti e l'ambiente circostante. Ecco come:

- **Volume della Musica:** Mantieni la musica a un livello ragionevole. Se qualcuno si lamenta del volume, abbassalo immediatamente per non disturbare la tranquillità degli altri.

- **Pulizia:** Porta sacchetti per raccogliere i rifiuti e assicurati di lasciare la spiaggia pulita come l'hai trovata. Questo include raccogliere bottiglie, bicchieri e qualsiasi altro rifiuto generato durante la festa.

- **Spazio:** Rispetta lo spazio degli altri bagnanti. Non invadere le loro aree con giochi o attrezzature, e cerca di mantenere la tua festa confinata al tuo spazio designato.

Conclusione

Essere il "Party Animal" significa portare energia, allegria e divertimento ovunque tu vada. La tua abilità nell'organizzare eventi sociali in spiaggia e nel coinvolgere tutti è ciò che rende le tue feste indimenticabili. Con una buona preparazione, rispetto per gli altri e un atteggiamento inclusivo, puoi trasformare ogni giornata in spiaggia in un evento memorabile per tutti. Goditi ogni momento e continua a diffondere la tua energia contagiosa! Buon divertimento e buona festa in spiaggia!

Il Cultore del Benessere

Impegnato a mantenere uno stile di vita sano e attivo, vedi la spiaggia come un luogo ideale per combinare attività fisica e relax. Per te, ogni giornata al mare è un'opportunità per allenarti, meditare, mangiare sano e goderti la bellezza naturale che ti circonda. La tua dedizione al benessere si riflette nelle tue scelte quotidiane e nel modo in cui vivi le tue giornate in spiaggia. Organizzare sessioni di allenamento o yoga e coinvolgere altre persone nelle tue attività non solo migliora il tuo benessere, ma ispira anche chi ti circonda a seguire uno stile di vita più salutare.

Creare il Tuo Spazio di Benessere in Spiaggia

Per vivere al meglio la tua esperienza in spiaggia, è fondamentale creare un ambiente che favorisca sia l'attività fisica che il relax. Ecco come fare:

- **Tappetino da Yoga:** Porta con te un tappetino da yoga antiscivolo che sia facile da pulire e trasportare. È essenziale per le tue sessioni di yoga, meditazione e stretching.

- **Ombrellone e Teli Mare:** Usa un ombrellone per creare un'area d'ombra dove poterti riposare e rilassare. I teli mare ampi e morbidi sono perfetti per sdraiarti e goderti il sole dopo l'allenamento.

- **Attrezzatura per l'Allenamento:** Porta con te pesi leggeri, bande elastiche e una corda per saltare. Questi strumenti ti permettono di eseguire una vasta gamma di esercizi senza occupare troppo spazio.

Sessioni di Allenamento e Yoga

La spiaggia offre uno scenario perfetto per allenamenti energizzanti e sessioni di yoga rilassanti. Ecco come organizzare le tue attività:

- **Allenamento a Circuito:** Crea un circuito che includa esercizi come squat, affondi, flessioni e salto della corda. Alterna periodi di alta intensità con brevi pause per massimizzare i benefici cardiovascolari e di tonificazione.

- **Yoga al Mattino:** Inizia la giornata con una sessione di yoga al sorgere del sole. Posizioni come il Saluto al Sole, il Guerriero e la Posizione dell'Albero aiutano a risvegliare il corpo e la mente, migliorando la flessibilità e l'equilibrio.

- **Stretching e Meditazione:** Concludi le tue sessioni di allenamento con esercizi di stretching e meditazione. La posizione del Bambino, la Farfalla e la Shavasana sono ideali per rilassare i muscoli e calmare la mente.

Nutrizione e Idratazione

Mantenere una dieta equilibrata e una buona idratazione è fondamentale per il tuo benessere. Ecco alcuni consigli:

- **Snack Salutari:** Porta con te frutta fresca, noci, barrette proteiche fatte in casa e verdure tagliate. Questi snack ti forniscono energia senza appesantirti, aiutandoti a mantenere alta la tua performance.

- **Bevande Rinfrescanti:** Bevi molta acqua per rimanere idratato. Puoi anche portare tè verde freddo, acqua di cocco o smoothie fatti in casa. Evita bevande zuccherate o gassate che possono causare disidratazione.

- **Pranzi Leggeri:** Prepara insalate di quinoa, wrap integrali con verdure e hummus, o poke bowl con pesce fresco e avocado.

Questi pasti sono nutrienti e facili da digerire, perfetti per una giornata attiva in spiaggia.

Coinvolgere Altre Persone

Parte del tuo piacere è condividere il tuo stile di vita sano con gli altri. Ecco come coinvolgere amici e familiari nelle tue attività:

- **Inviti Aperti:** Invita chiunque sia interessato a unirsi alle tue sessioni di allenamento o yoga. Un semplice "Vuoi fare yoga con me?" può incoraggiare qualcuno a provare qualcosa di nuovo.

- **Giochi di Squadra:** Organizza giochi di squadra come beach volley, frisbee o gare di corsa. Questi giochi non solo sono divertenti, ma aiutano anche a mantenere tutti attivi e coinvolti.

- **Workshop di Benessere:** Se sei esperto in una particolare disciplina, come il pilates o la meditazione, considera l'idea di organizzare brevi workshop per condividere le tue conoscenze. Questo può essere un modo fantastico per educare e ispirare gli altri.

Mantenere un Ambiente Rilassato e Rispettoso

Anche se ami l'attività fisica, è importante creare un ambiente rilassato e rispettoso per te e per chi ti circonda. Ecco come:

- **Rispetto per gli Altri:** Mantieni sempre un atteggiamento rispettoso verso gli altri bagnanti. Se stai utilizzando attrezzature come altoparlanti per la musica durante il tuo allenamento, assicurati che il volume sia basso e che non disturbi gli altri.

- **Pace e Tranquillità:** Riserva del tempo per te stesso per godere della tranquillità della spiaggia. Dopo una sessione di allenamento, rilassati sotto l'ombrellone, leggi un libro o semplicemente ascolta il suono delle onde.

- **Ambiente Pulito:** Rispetta l'ambiente raccogliendo tutti i rifiuti e utilizzando prodotti ecologici. Porta con te sacchetti per i rifiuti e assicurati di lasciare la spiaggia pulita.

Conclusione

Essere un "Cultore del Benessere" significa vivere ogni giorno con l'obiettivo di migliorare la tua salute fisica e mentale, combinando attività fisica e relax in un equilibrio perfetto. La spiaggia offre un ambiente unico per perseguire questi obiettivi, con la sua bellezza naturale e le infinite possibilità di movimento e meditazione. Con una buona preparazione, una nutrizione adeguata e il coinvolgimento degli altri, puoi trasformare ogni giornata in spiaggia in un'esperienza di benessere completa e gratificante. Goditi ogni momento e continua a ispirare chi ti circonda con il tuo stile di vita sano e attivo!

Il Vitellone da Spiaggia

Ami essere al centro dell'attenzione e coinvolgere gli altri nelle tue attività. Sei socievole, competitivo e ami mostrare il tuo fisico scolpito e invidiabile. Per te, la spiaggia è il luogo ideale per esibire il tuo impegno nella cura del corpo, per fare nuove conoscenze e per organizzare attività che attirano l'attenzione. La tua energia e il tuo entusiasmo sono contagiosi, rendendo ogni giornata in spiaggia un evento memorabile. Tuttavia, è importante ricordare di mantenere un atteggiamento positivo e rispettoso verso tutti, e di includere anche i più timidi nei tuoi giochi e nelle tue attività.

Creare il Tuo Spazio di Socializzazione in Spiaggia

Per vivere al meglio la tua esperienza in spiaggia, è fondamentale prepararsi adeguatamente e creare un ambiente accogliente e stimolante. Ecco come fare:

- **Attrezzatura per il Divertimento:** Porta con te un pallone da beach volley, racchettoni, frisbee e altri giochi che possono coinvolgere gruppi di persone. Questa attrezzatura ti permetterà di organizzare attività e giochi che attireranno l'attenzione e coinvolgeranno tutti.

- **Set di Musica:** Un altoparlante portatile impermeabile è essenziale per creare l'atmosfera giusta. Prepara una playlist con i successi del momento e le hit dell'estate per mantenere alta l'energia. Ricorda di mantenere il volume a un livello che non disturbi gli altri bagnanti.

- **Teli e Ombrelloni:** Usa teli mare colorati e ombrelloni per creare uno spazio accogliente dove gli amici e i nuovi conoscenti possono radunarsi. Un'area ben organizzata è il punto di partenza per una giornata di socializzazione e divertimento.

Mostrare il Tuo Fisico

Ami mostrare il tuo fisico scolpito, risultato di ore di allenamento e dedizione. Ecco alcuni consigli per farlo con stile:

- **Abbigliamento da Spiaggia:** Scegli costumi da bagno che mettano in risalto il tuo fisico. I colori vivaci e i tagli moderni attirano l'attenzione e mostrano la tua personalità. Porta con te anche un paio di occhiali da sole alla moda e un cappello per completare il look.

- **Esercizi in Spiaggia:** Organizza sessioni di esercizi a corpo libero come flessioni, addominali e squat sulla sabbia. Non solo manterrai il tuo corpo tonico, ma attirerai anche l'interesse di altri bagnanti che potrebbero unirsi a te.

- **Giochi e Sport:** Partecipa a giochi e sport come il beach volley, il frisbee o il paddle board. Queste attività non solo ti permettono di mostrare le tue abilità fisiche, ma anche di socializzare e divertirti.

Coinvolgere gli Altri nelle Attività

Parte del tuo fascino è la tua capacità di coinvolgere gli altri nelle tue attività. Ecco come farlo in modo efficace:

- **Inviti Aperti:** Invita chiunque sia nei dintorni a unirsi ai tuoi giochi e attività. Un semplice "Vuoi giocare a beach volley con noi?" può fare una grande differenza, specialmente per i più timidi.

- **Giochi di Squadra:** Organizza giochi di squadra che permettano a tutti di partecipare. Dividi i partecipanti in squadre bilanciate per assicurare che tutti abbiano la possibilità di divertirsi e di vincere.

- **Competizioni Amichevoli:** Organizza competizioni amichevoli con piccoli premi simbolici. Queste competizioni possono includere gare di corsa sulla sabbia, tuffi acrobatici o tornei di racchettoni. L'importante è mantenere un clima di divertimento e rispetto.

Mantenere un Atteggiamento Positivo e Rispettoso

Essere al centro dell'attenzione richiede anche una grande responsabilità. Ecco come mantenere un atteggiamento positivo e rispettoso:

- **Rispetto per Tutti:** Rispetta i limiti degli altri bagnanti e assicurati di non disturbare chi cerca tranquillità. Se qualcuno esprime disagio, rispetta le loro esigenze e cerca di trovare un compromesso.

- **Inclusività:** Fai sentire tutti i benvenuti, inclusi i più timidi o meno esperti nelle attività sportive. Incoraggia e supporta chiunque voglia partecipare, offrendo consigli e mostrando pazienza.

- **Comunicazione Positiva:** Usa un linguaggio positivo e incoraggiante. Complimenta gli altri per le loro abilità e sforzi, e crea un ambiente di divertimento e collaborazione.

Nutrizione e Idratazione

Mantenere un'alimentazione sana e una buona idratazione è fondamentale per sostenere la tua energia e il tuo fisico. Ecco alcuni consigli:

- **Snack Nutritivi:** Porta con te snack salutari come barrette proteiche, frutta fresca, noci e semi. Questi alimenti forniscono energia senza appesantirti, mantenendoti attivo e pronto per le attività fisiche.

- **Bevande Idratanti:** Assicurati di bere molta acqua per rimanere idratato. Porta anche bevande elettrolitiche per reintegrare i sali minerali persi durante le attività fisiche.

- **Pasti Equilibrati:** Se prevedi di trascorrere tutta la giornata in spiaggia, prepara un pasto equilibrato con proteine, carboidrati complessi e verdure. Un'insalata di pollo o una wrap integrale sono ottime opzioni.

Conclusione

Essere il "Vitellone da Spiaggia" significa portare energia, divertimento e socializzazione ovunque tu vada. La tua abilità nel coinvolgere gli altri e nel creare un ambiente accogliente e stimolante è ciò che rende le tue giornate in spiaggia indimenticabili. Con una buona preparazione, rispetto per gli altri e un atteggiamento inclusivo, puoi trasformare ogni giornata in spiaggia in un evento memorabile per tutti. Goditi ogni momento e continua a diffondere la tua energia positiva! Buon divertimento e buona socializzazione in spiaggia!

Il Pesce Fuori d'Acqua

Non ti senti completamente a tuo agio in spiaggia e preferisci luoghi più tranquilli. La spiaggia, con il suo trambusto e le sue attività rumorose, può farti sentire sopraffatto e fuori posto. Tuttavia, con la giusta preparazione e qualche accorgimento, puoi trasformare la tua esperienza in spiaggia in un momento di relax e benessere. Cerca spazi isolati dove puoi rilassarti senza sentirti sopraffatto e porta con te tutto il necessario per creare un ambiente confortevole. Non esitare a chiedere aiuto o consiglio se necessario: molti bagnanti sono felici di aiutare e di condividere suggerimenti.

Creare il Tuo Rifugio di Tranquillità in Spiaggia

Per vivere al meglio la tua esperienza in spiaggia, è fondamentale scegliere il luogo giusto e prepararsi adeguatamente. Ecco come fare:

- **Scelta del Luogo:** Cerca angoli meno frequentati della spiaggia, lontani dalle aree principali di attività come i bar, i campi da gioco o le aree per i bambini. Le estremità della spiaggia, le piccole insenature o le zone vicine a rocce e vegetazione possono offrire maggiore privacy e tranquillità.

- **Attrezzatura per il Comfort:** Porta con te un ombrellone o una tenda da spiaggia per creare una zona d'ombra e proteggerti dal sole. Un lettino pieghevole o una sedia a sdraio ti permetteranno di rilassarti comodamente. Un cuscino gonfiabile può aggiungere ulteriore comfort.

Preparazione e Attrezzatura

Una buona preparazione è essenziale per assicurarti che la tua giornata in spiaggia sia rilassante e piacevole. Ecco cosa portare:

- **Telo Mare e Coperte:** Utilizza un telo mare grande e morbido per sdraiarti. Una coperta può essere utile per creare un'area confortevole dove sederti o rilassarti.

- **Cappello e Occhiali da Sole:** Indossa un cappello a tesa larga e occhiali da sole per proteggerti dai raggi UV e creare una barriera visiva tra te e l'ambiente circostante.

- **Protezione Solare:** Usa una crema solare ad alta protezione per proteggere la pelle dai danni del sole. Applica la protezione regolarmente per evitare scottature.

Attività di Rilassamento

Per te, il relax è la chiave per goderti la spiaggia. Ecco alcune attività che possono aiutarti a rilassarti:

- **Lettura:** Porta con te un buon libro o una rivista. La lettura può essere un'ottima via di fuga e un modo per distrarti dall'ambiente circostante.

- **Musica Rilassante:** Usa un lettore MP3 o il tuo smartphone con cuffie per ascoltare musica rilassante o suoni della natura. Questo può aiutarti a creare un'atmosfera di calma e a isolarti dal rumore circostante.

- **Meditazione:** Pratica la meditazione per calmare la mente e ridurre lo stress. Trova un angolo tranquillo, chiudi gli occhi e concentrati sul respiro o sui suoni naturali della spiaggia.

Creare un Ambiente Confortevole

La chiave per sentirti a tuo agio in spiaggia è creare un ambiente che risponda alle tue esigenze di comfort e tranquillità. Ecco come:

- **Idratazione e Snack:** Porta con te una borraccia d'acqua per rimanere idratato e snack leggeri come frutta fresca, noci e barrette di cereali. Evita cibi pesanti che possono appesantirti.

- **Giochi Tranquilli:** Se preferisci passare il tempo con attività leggere, porta con te giochi tranquilli come un set da disegno, un diario o un puzzle. Questi possono aiutarti a rilassarti e a goderti la tua giornata in modo sereno.

- **Olio Essenziale o Spray Rinfrescante:** Un olio essenziale rilassante, come la lavanda, o uno spray rinfrescante può aiutarti a sentirti più a tuo agio. Spruzzalo leggermente sul viso o intorno a te per creare una sensazione di freschezza e tranquillità.

Interazioni Sociali e Richiesta di Aiuto

Anche se preferisci la tranquillità, non esitare a interagire con gli altri bagnanti se necessario. Ecco alcuni consigli:

- **Chiedere Consigli:** Se hai bisogno di suggerimenti su come goderti meglio la spiaggia o dove trovare aree più tranquille, non esitare a chiedere agli altri bagnanti o al personale dello stabilimento. La maggior parte delle persone è felice di aiutare.

- **Partecipazione Graduale:** Se ti senti a tuo agio, partecipa gradualmente a piccole attività di gruppo. Questo può aiutarti a sentirti più integrato e a godere di una compagnia piacevole senza sentirti sopraffatto.

- **Esprimere i Tuoi Bisogni:** Se qualcuno si avvicina e ti senti a disagio, esprimi gentilmente i tuoi bisogni. Puoi dire qualcosa come "Preferisco stare un po' da solo per rilassarmi, grazie per la comprensione."

Gestione dello Stress

Se ti senti sopraffatto dalla folla o dal rumore, è importante avere delle strategie per gestire lo stress:

- **Respirazione Profonda:** Pratica esercizi di respirazione profonda per calmare la mente e ridurre l'ansia. Inspira profondamente contando fino a quattro, trattieni il respiro per quattro secondi e poi espira lentamente.

- **Pause Regolari:** Prendi pause regolari per allontanarti dalla folla. Fai una passeggiata lungo la riva, immergi i piedi nell'acqua o trova un angolo tranquillo dove puoi ritirarti momentaneamente.

- **Tecniche di Visualizzazione:** Usa tecniche di visualizzazione per immaginare luoghi tranquilli e rilassanti. Chiudi gli occhi e immagina di essere in un luogo sereno, come una foresta o una montagna, per aiutarti a calmarti.

Conclusione

Essere un "Pesce Fuori d'Acqua" significa riconoscere e rispettare il tuo bisogno di tranquillità e comfort, anche in un ambiente vivace come la spiaggia. Con la giusta preparazione e alcuni accorgimenti, puoi trasformare ogni giornata in spiaggia in un'esperienza rilassante e piacevole. Cerca spazi isolati, porta con te tutto il necessario per creare un ambiente confortevole e non esitare a chiedere aiuto o consiglio quando ne hai bisogno. Goditi ogni momento e trova la tua pace anche in mezzo al trambusto. Buon relax e buona giornata in spiaggia!

Riconoscere gli Altri

Il test "Riconoscere gli Altri" ti ha aiutato a identificare i diversi tipi di bagnanti che puoi incontrare in spiaggia. Ecco come interpretare i risultati e migliorare le tue interazioni:

Il Lettore Solitario

Se hai osservato qualcuno che preferisce la tranquillità e trascorre il tempo leggendo, è importante rispettare il suo spazio e il suo bisogno di solitudine. Offri conversazioni brevi e rilassate, evitando di invadere la sua tranquillità. Mostra interesse per i suoi gusti letterari chiedendo quali libri sta leggendo o consigliando qualche autore che potrebbe piacergli. Ecco alcuni ulteriori suggerimenti su come approcciarti correttamente:

- **Riconosci i Segnali:** Se il Lettore Solitario sembra immerso nel suo libro, evita di interromperlo. Aspetta un momento in cui sembra più disponibile, come durante una pausa o mentre ripone il libro.

- **Approccio Delicato:** Inizia la conversazione con un approccio delicato, come un commento sul libro o un semplice saluto. "Sembra un bel libro, di cosa parla?" può essere un buon inizio.

- **Rispetto dei Confini:** Se il Lettore Solitario risponde brevemente o torna subito alla lettura, rispetta il suo desiderio di privacy. Non insistere per continuare la conversazione se percepisci che preferisce stare da solo.

- **Inviti Moderati:** Se vuoi invitare il Lettore Solitario a unirsi a un'attività, fallo in modo non invasivo. "Se ti va di fare una pausa, ci stiamo preparando per una partita di beach volley," potrebbe essere un modo invitante senza fare pressione.

- **Condivisione di Spazi:** Se ti trovi vicino a un Lettore Solitario, mantieni basso il volume delle tue attività e conversazioni. Creare un ambiente tranquillo dimostra rispetto per la sua esperienza in spiaggia.

Ricorda, il Lettore Solitario apprezza la tranquillità e la contemplazione. Approcciarsi con rispetto e delicatezza può portare a conversazioni interessanti senza disturbare la sua pace.

Le Comari

Se hai identificato persone che amano socializzare e scambiare gossip, coinvolgile in conversazioni vivaci e interessanti. Condividi storie e aneddoti, ma mantieni sempre un atteggiamento rispettoso verso chiunque venga menzionato nelle discussioni. Ecco alcuni ulteriori suggerimenti su come approcciarti correttamente:

- **Inizia con Argomenti Leggeri:** Rompi il ghiaccio con argomenti leggeri e divertenti, come le ultime notizie sulle celebrità, i film recenti o eventi locali. Questo può stimolare la conversazione senza sfociare immediatamente nel gossip.

- **Sii Attento e Partecipativo:** Ascolta attivamente e mostra interesse per ciò che dicono. Fai domande pertinenti e partecipa alla conversazione in modo attivo, dimostrando che apprezzi il loro punto di vista.

- **Evita Giudizi:** Mantieni un tono neutrale e evita giudizi su chiunque venga menzionato. Sottolinea aspetti positivi o trova modi per alleggerire la conversazione se diventa troppo critica.

- **Condividi Esperienze Personali:** Racconta aneddoti personali divertenti o interessanti che possano arricchire la conversazione senza parlare di altri in modo negativo. Questo può creare un clima di condivisione senza il rischio di ferire qualcuno.

- **Suggerisci Attività Comuni:** Proponi attività che possano interessare il gruppo, come una passeggiata lungo la spiaggia o un gioco da spiaggia. Questo può aiutare a spostare l'attenzione dal gossip e promuovere un'interazione più positiva.

- **Gestisci le Conversazioni Delicate:** Se il gossip diventa troppo intenso o personale, cerca di deviare la conversazione su argomenti più innocui. "Avete sentito delle novità sul festival musicale di quest'anno?" può essere un buon modo per cambiare argomento.

Ricorda, coinvolgere Le Comari in conversazioni vivaci e rispettose può arricchire la tua esperienza in spiaggia, mantenendo un ambiente amichevole e piacevole per tutti.

Il Re del Beach Volley

Se hai notato qualcuno sempre pronto per l'azione e i giochi sportivi, unisciti a lui per una partita o invitalo a partecipare a un'attività di gruppo. Mostra entusiasmo e spirito di squadra, e rispetta le sue abilità sportive. Ecco alcuni ulteriori suggerimenti su come approcciarti correttamente:

- **Osserva e Apprendi:** Prima di avvicinarti, osserva come gioca e quali sono le sue abilità. Questo ti aiuterà a capire meglio il suo stile di gioco e a rispettare il suo livello di competenza.

- **Chiedi Consigli:** Mostra interesse per il suo sport chiedendo consigli su tecniche o strategie di gioco. Questo non solo dimostra rispetto, ma può anche creare un legame più forte. "Hai qualche suggerimento per migliorare il mio servizio?"

- **Proponi Sfide Amichevoli:** Invita il Re del Beach Volley a partecipare a sfide amichevoli o tornei informali. "Vuoi unirti a noi per una partita amichevole?" può essere un modo divertente per coinvolgerlo.

- **Supporta e Incoraggia:** Durante il gioco, supporta e incoraggia tutti i giocatori. Riconosci le buone giocate e mantieni un atteggiamento positivo. "Ottimo colpo!" o "Bella mossa!" possono motivare tutti a dare il meglio.

- **Rispetta i Tempi di Recupero:** Dopo una partita intensa, rispetta i suoi tempi di recupero. Proponi di riposarvi insieme all'ombra o di fare una breve pausa idratante. Questo dimostra che tieni alla sua salute e benessere.

- **Sii Inclusivo:** Assicurati che il gioco sia inclusivo per tutti i livelli di abilità. Se ci sono principianti, incoraggia il Re del Beach Volley a dare consigli e a giocare in modo che tutti possano divertirsi.

- **Mantieni lo Spirito Sportivo:** Mantieni sempre lo spirito sportivo, evitando comportamenti competitivi eccessivi. Ricorda che l'obiettivo principale è divertirsi e creare un'esperienza positiva per tutti.

Ricorda, avvicinarti al Re del Beach Volley con rispetto e entusiasmo può rendere la tua esperienza in spiaggia più divertente e dinamica, promuovendo un ambiente di collaborazione e amicizia.

Il Fotografo Social

Se hai visto qualcuno scattare foto continuamente, offri di posare per qualche scatto o chiedi consigli su come migliorare le tue abilità fotografiche. Rispetta la sua passione e condividi momenti interessanti da immortalare. Ecco alcuni ulteriori suggerimenti su come approcciarti correttamente:

- **Mostra Interesse per l'Attrezzatura:** Chiedi informazioni sulla sua attrezzatura fotografica. Domande come "Che tipo di fotocamera usi?" o "Qual è il tuo obiettivo preferito per le foto in spiaggia?" possono avviare una conversazione interessante.

- **Riconosci il Talento:** Complimenta il Fotografo Social per le sue foto. Esprimere apprezzamento per il suo lavoro può essere un ottimo modo per costruire un rapporto positivo. "Le tue foto sono fantastiche! Hai un occhio davvero creativo."

- **Proponi Collaborazioni:** Suggerisci idee per scatti interessanti o luoghi pittoreschi sulla spiaggia. "Hai visto quel vecchio molo? Potrebbe essere uno sfondo perfetto per alcune foto."

- **Rispetta la Privacy:** Assicurati di rispettare la privacy degli altri bagnanti e chiedi sempre il permesso prima di scattare foto in cui appaiono persone. "Ti dispiace se facciamo qualche scatto insieme? Chiederò anche agli altri se sono d'accordo."

- **Offri Aiuto:** Se il Fotografo Social ha bisogno di assistenza con l'attrezzatura o di tenere un riflettore, offriti di aiutare. "Hai bisogno di una mano con quell'attrezzatura?"

- **Condividi Esperienze:** Parla delle tue esperienze fotografiche e chiedi consigli su tecniche specifiche. "Ho sempre avuto difficoltà con la fotografia al tramonto. Hai qualche suggerimento?"

- **Sii Paziente e Comprensivo:** La fotografia può richiedere tempo e pazienza. Rispetta il tempo che il Fotografo Social dedica ai suoi scatti e non fare pressioni per accelerare il processo. "Prenditi tutto il tempo necessario, so che la fotografia richiede molta attenzione ai dettagli."

- **Organizza Sessioni Fotografiche:** Se il Fotografo Social è d'accordo, organizza una sessione fotografica a tema o un mini-shooting. Questo può essere un modo divertente per esplorare la creatività insieme. "Che ne dici di organizzare una piccola sessione fotografica al tramonto? Potrebbe essere davvero divertente."

Ricorda, avvicinarti al Fotografo Social con rispetto, curiosità e un atteggiamento collaborativo può arricchire la tua esperienza in spiaggia, creando opportunità per bellissimi scatti e nuove amicizie.

La Regina dell'Abbronzatura

Se hai identificato persone dedite al relax e all'abbronzatura, rispettane il bisogno di tranquillità e offri consigli su come ottenere un'abbronzatura sicura. Invitali a unirsi a te per brevi passeggiate o conversazioni all'ombra. Ecco alcuni ulteriori suggerimenti su come approcciarti correttamente:

- **Riconosci e Rispetta il Ritmo:** Nota i momenti in cui sembrano più disponibili per una conversazione, come quando si girano o applicano la crema solare. Evita di interromperli mentre sono completamente rilassati o addormentati.

- **Approccio Delicato:** Inizia con un complimento o una domanda leggera. "Hai un'abbronzatura davvero uniforme! Qual è il tuo segreto?" può essere un buon modo per avviare una conversazione.

- **Condivisione di Consigli:** Offri suggerimenti su come ottenere un'abbronzatura sicura e duratura. "Uso sempre una crema solare con SPF 30 per evitare scottature e mantenere l'abbronzatura più a lungo. Tu cosa usi?"

- **Inviti a Breve Termine:** Proponi attività che non richiedano troppo tempo lontano dal loro spazio. "Sto per fare una breve passeggiata lungo la riva, ti va di unirti a me?" può essere un invito piacevole e non invadente.

- **Conversazioni Rilassate:** Se accettano di chiacchierare, mantieni la conversazione leggera e piacevole. Parla di argomenti rilassanti come viaggi, vacanze precedenti o hobby. Evita discussioni troppo impegnative o stressanti.

- **Offri aiuto Pratico:** Se noti che hanno bisogno di una mano con l'applicazione della crema solare sulla schiena, offriti di aiutarli. "Vuoi che ti aiuti con la crema sulla schiena? È sempre difficile da raggiungere."

- **Rispetto della Privacy:** Se noti che preferiscono continuare a rilassarsi da soli, rispetta il loro desiderio di tranquillità. "Non voglio disturbarti troppo, ti lascio goderti il sole. Se ti va di chiacchierare più tardi, sono proprio qui vicino."

- **Suggerisci Break all'Ombra:** Se il sole è molto forte, suggerisci un break all'ombra. "Sto andando a prendere qualcosa da bere all'ombra, ti va di fare una pausa e venire con me?"

Ricorda, avvicinarti alla Regina dell'Abbronzatura con rispetto e delicatezza può creare un ambiente di relax e piacere per entrambi, promuovendo un'esperienza di spiaggia piacevole e sicura.

La Famiglia Allegra

Se hai osservato una famiglia impegnata in attività di gruppo, proponi giochi inclusivi e offri il tuo aiuto per organizzare attività per i bambini. Mostra empatia e comprensione per le esigenze dei più piccoli. Ecco alcuni ulteriori suggerimenti su come approcciarti correttamente:

- **Inizia con un Saluto Cordiale:** Avvicinati con un sorriso e un saluto amichevole. "Ciao, sembra che vi stiate divertendo un mondo! Posso unirmi a voi?"

- **Proponi Giochi Inclusivi:** Suggerisci giochi che coinvolgano sia gli adulti che i bambini, come costruzioni di castelli di sabbia, cacce al tesoro o partite di frisbee. "Vi va di fare una gara di castelli di sabbia? Potrebbe essere divertente per tutti!"

- **Offri Aiuto Pratico:** Se vedi che i genitori stanno cercando di organizzare qualcosa, offri il tuo aiuto. "Posso aiutarvi a montare il parasole o a preparare gli snack per i bambini?"

- **Suggerisci Attività Educative:** Proponi attività che siano divertenti e istruttive, come la raccolta di conchiglie o l'esplorazione della vita marina nelle pozze di marea. "Ho trovato alcune conchiglie interessanti lungo la riva. I bambini vorrebbero venire a cercarle con me?"

- **Mostra Empatia:** Riconosci e comprendi le esigenze dei bambini e dei genitori. "Capisco quanto possa essere impegnativo tenere d'occhio i piccoli. Posso aiutarvi a organizzare qualche gioco per tenerli occupati?"

- **Rispetta i Ritmi della Famiglia:** Osserva i momenti di riposo e i pasti, e proponi attività nei momenti in cui la famiglia sembra più attiva e disponibile. "Vedo che state facendo una pausa, magari dopo possiamo fare un gioco insieme."

- **Crea un Ambiente Sicuro:** Assicurati che le attività siano sicure per i bambini. Se proponi un gioco, verifica che non ci siano rischi e che sia adatto all'età dei partecipanti. "Ho portato un set di giochi da spiaggia, tutti sicuri e divertenti per i bambini."

- **Condividi Esperienze:** Racconta storie o aneddoti divertenti che possano intrattenere i bambini e coinvolgere i genitori. "Quando ero piccolo, adoravo giocare a fare le gare di nuoto. Qual è il vostro gioco preferito in spiaggia?"

- **Invita Altri Bambini:** Se ci sono altri bambini nelle vicinanze, invitali a unirsi alle attività. Questo può aiutare a creare un ambiente più inclusivo e divertente. "Ciao ragazzi, stiamo organizzando una partita di pallone, vi va di giocare con noi?"

Ricorda, avvicinarti alla Famiglia Allegra con empatia, disponibilità e un atteggiamento amichevole può arricchire la loro esperienza in spiaggia e creare momenti di gioia e condivisione per tutti.

Il Nostalgico degli Anni '80

Se hai visto qualcuno che ama rivivere i tempi passati, condividi storie e musica retrò. Organizza piccole feste a tema anni '80 e coinvolgi altri bagnanti che condividono questa passione. Ecco alcuni ulteriori suggerimenti su come approcciarti correttamente:

- **Inizia con un Commento Riconoscente:** Nota un dettaglio che evidenzia la loro passione per gli anni '80, come una maglietta vintage o la musica che ascoltano. "Adoro quella canzone! Mi ricorda le feste degli anni '80."

- **Condividi Ricordi Personali:** Racconta aneddoti e ricordi personali legati agli anni '80 per creare un legame immediato. "Ricordo quando ascoltavo questa canzone con i miei amici. Qual è il tuo ricordo preferito di quel periodo?"

- **Porta Musica Retrò:** Porta con te un altoparlante portatile e una playlist di successi degli anni '80. "Ho una playlist piena di classici degli anni '80. Vuoi ascoltarla con me?"

- **Proponi Giochi e Attività a Tema:** Organizza giochi e attività ispirati agli anni '80, come gare di hula hoop, tornei di pac-man su dispositivi portatili, o balli retrò sulla spiaggia. "Che ne dici di una gara di hula hoop in stile anni '80?"

- **Feste a Tema:** Organizza piccole feste a tema anni '80 con costumi, decorazioni e musica dell'epoca. Invita altri bagnanti a unirsi. "Sto pensando di organizzare una festa anni '80 sulla spiaggia stasera. Vuoi partecipare?"

- **Condividi Curiosità e Aneddoti:** Parla di curiosità e fatti interessanti sugli anni '80. "Sapevi che 'Thriller' di Michael Jackson è ancora uno degli album più venduti di tutti i tempi?"

- **Suggerisci Film e Serie TV:** Parla dei film e delle serie TV cult degli anni '80 e proponi di guardare insieme qualche classico. "Adoro i film degli anni '80 come 'Ritorno al Futuro'. Ti va di guardarlo insieme questa sera?"

- **Crea un'Atmosfera Retrò:** Porta oggetti che richiamino gli anni '80, come giochi da tavolo vintage, cassette audio o polaroid per scattare foto in stile retrò. "Ho portato una vecchia Polaroid. Vuoi scattare qualche foto ricordo?"

- **Incoraggia la Partecipazione di Altri:** Invita altre persone che potrebbero essere interessate a unirsi alle attività a tema. "Stiamo organizzando un pomeriggio di musica e giochi anni '80. Vuoi unirti a noi?"

Ricorda, avvicinarti al Nostalgico degli Anni '80 con entusiasmo e una buona dose di spirito retrò può creare momenti di divertimento e nostalgia condivisa, arricchendo l'esperienza in spiaggia per tutti.

Il Minimalista Zen

Se hai identificato persone che prediligono la tranquillità e la semplicità, rispetta il loro spazio e offri di unirti a loro in sessioni di yoga o meditazione. Mostra interesse per il loro stile di vita e impara dalle loro pratiche di benessere. Ecco alcuni ulteriori suggerimenti su come approcciarti correttamente:

- **Approccio Calmo e Rispettoso:** Avvicinati con calma e rispetto, senza interrompere la loro quiete. "Scusami, ho notato che pratichi yoga qui. Ti dispiace se mi unisco a te?"

- **Chiedi Consigli su Benessere e Relax:** Mostra interesse genuino per le loro pratiche di benessere. "Da quanto tempo pratichi yoga? Hai qualche consiglio per un principiante?"

- **Proponi Attività Condivise:** Se ti sembra opportuno, proponi di condividere una sessione di meditazione o un'attività rilassante. "Stavo per fare una breve meditazione al tramonto, ti va di unirti a me?"

- **Rispetta il Silenzio:** Se preferiscono il silenzio, rispetta questo bisogno. Puoi avvicinarti con un sorriso e un cenno amichevole, senza necessariamente iniziare una conversazione.

- **Osserva e Apprendi:** Osserva attentamente le loro pratiche e chiedi gentilmente se puoi imparare da loro. "Ti osservo mentre fai yoga, sembri molto concentrato. Posso chiederti qualche suggerimento per migliorare la mia pratica?"

- **Offri Spazi di Relax:** Se hai organizzato un angolo tranquillo, invita il Minimalista Zen a unirsi. "Ho creato un piccolo spazio di relax all'ombra, se ti va di fare una pausa."

- **Condividi Risorse Utili:** Se conosci app o libri utili per la meditazione o il benessere, condividili. "Uso quest'app per la meditazione guidata, potresti trovarla interessante."

- **Suggerisci Passeggiate Rilassanti:** Proponi brevi passeggiate lungo la spiaggia per godere insieme della natura e della tranquillità. "Che ne dici di una passeggiata lungo la riva? È un ottimo modo per rilassarsi e riflettere."

- **Rispetta i Loro Ritmi:** Rispetta i loro tempi e ritmi, evitando di insistere se non sembrano interessati a socializzare. "Capisco che preferisci la tranquillità, quindi non voglio disturbarti. Se ti va di parlare o fare qualche attività insieme, io sono qui."

Ricorda, avvicinarti al Minimalista Zen con rispetto, calma e interesse genuino può creare un ambiente armonioso e arricchente per entrambi, promuovendo un'esperienza di benessere condiviso in spiaggia.

Il Party Animal

Se hai visto qualcuno organizzare feste e giochi di gruppo, partecipa con entusiasmo e invita altri a unirsi. Rispetta il volume della musica e assicurati che tutte le attività siano inclusive e divertenti per tutti. Ecco alcuni ulteriori suggerimenti su come approcciarti correttamente:

- **Mostra Entusiasmo e Spirito di Partecipazione:** Avvicinati con un sorriso e un atteggiamento positivo. "Sembra che vi stiate divertendo molto! Posso unirmi a voi?"

- **Complimenta l'Organizzazione:** Riconosci il loro sforzo nell'organizzare la festa. "Hai organizzato davvero bene questa festa! Ottima musica e atmosfera!"

- **Suggerisci Giochi e Attività:** Proponi giochi di gruppo che possano coinvolgere tutti, come gare di sacchi, tiro alla fune o cacce al tesoro. "Che ne dite di fare una caccia al tesoro? Potrebbe essere divertente!"

- **Invita Altri a Partecipare:** Coinvolgi gli altri bagnanti invitandoli a unirsi alle attività. "Venite a giocare con noi, ci stiamo divertendo un sacco!"

- **Mantieni il Volume della Musica Adeguato:** Se noti che la musica è troppo alta, suggerisci di abbassare il volume per non disturbare gli altri bagnanti. "La musica è fantastica! Potremmo abbassare un po' il volume per non disturbare chi cerca di rilassarsi?"

- **Offri il Tuo Aiuto:** Chiedi se puoi dare una mano con l'organizzazione delle attività o la preparazione degli snack. "Serve una mano con qualcosa? Sono felice di aiutare."

- **Rispetta i Tempi di Recupero:** Dopo attività intense, proponi momenti di relax all'ombra o una pausa per rinfrescarsi. "Che ne dite di fare una pausa all'ombra e rinfrescarci un po'?"

- **Promuovi l'Inclusività:** Assicurati che tutti, indipendentemente dall'età o dalle abilità, possano partecipare e divertirsi. "Abbiamo un gioco che va bene per tutti, grandi e piccoli. Volete unirvi?"

- **Fai Attenzione alla Sicurezza:** Durante i giochi e le attività, assicurati che tutti siano al sicuro e che le attività siano appropriate per tutti i partecipanti. "Facciamo attenzione a non correre troppo vicino all'acqua, non vorrei che qualcuno scivolasse."

- **Suggerisci Momenti di Condivisione:** Proponi attività che incoraggino la condivisione di storie o esperienze, come un cerchio di racconti o una sessione di karaoke. "Che ne dite di una sessione di racconti divertenti? Potremmo scoprire cose interessanti su ciascuno di noi."

Ricorda, avvicinarti al Party Animal con entusiasmo, rispetto e un atteggiamento inclusivo può rendere la festa più divertente e coinvolgente per tutti, creando un ambiente festoso e armonioso in spiaggia.

Il Cultore del Benessere

Se hai identificato persone impegnate in attività fisiche e benessere, unisciti a loro per sessioni di allenamento o yoga. Condividi consigli e ricette salutari, e mostra interesse per il loro stile di vita. Ecco alcuni ulteriori suggerimenti su come approcciarti correttamente:

- **Avvicinati con Rispetto e Interesse:** Inizia con un saluto amichevole e un complimento sincero. "Ciao! Sembri davvero in forma. Posso unirmi a te per qualche esercizio?"

- **Chiedi di Partecipare:** Chiedi gentilmente se puoi unirti alle loro attività. "Sto cercando di migliorare la mia routine di allenamento. Ti dispiace se mi unisco a te per la prossima sessione?"

- **Condividi Consigli e Suggerimenti:** Offri consigli utili e chiedi anche i loro. "Hai qualche consiglio su come migliorare la mia postura durante lo yoga? Io ho una ricetta fantastica per un frullato energetico, se ti interessa."

- **Proponi Attività Condivise:** Suggerisci di fare attività insieme, come una corsa mattutina o una sessione di stretching. "Sto per fare una corsetta lungo la spiaggia, ti va di unirti a me?"

- **Rispetta i Loro Ritmi:** Osserva i momenti di allenamento e di riposo, e adattati ai loro tempi. "Vedo che stai finendo la tua sessione, magari possiamo fare una pausa insieme e scambiarci qualche consiglio su alimentazione sana."

- **Offri Supporto:** Se noti che stanno preparando attrezzature o organizzando attività, offri il tuo aiuto. "Serve una mano con il tappetino da yoga o con i pesi?"

- **Parla di Stili di Vita Sani:** Mostra interesse per il loro stile di vita e chiedi informazioni su pratiche e abitudini salutari. "Come riesci a mantenere una routine di benessere così costante? Hai qualche consiglio per mantenere alta la motivazione?"

- **Suggerisci Ricette Salutari:** Condividi le tue ricette preferite e chiedi le loro. "Adoro preparare insalate fresche con ingredienti di stagione. Qual è il tuo piatto salutare preferito?"

- **Promuovi il Relax:** Dopo un allenamento, proponi attività rilassanti come la meditazione o una passeggiata tranquilla. "Dopo questo allenamento intenso, che ne dici di una breve meditazione o di una passeggiata rilassante lungo la riva?"

- **Fai Attenzione alla Sicurezza:** Durante le attività fisiche, assicurati che tutti gli esercizi siano eseguiti in sicurezza e offri supporto se necessario. "Facciamo attenzione a mantenere una buona postura per evitare infortuni. Se hai bisogno di aiuto con qualche esercizio, fammi sapere."

Ricorda, avvicinarti al Cultore del Benessere con rispetto, interesse genuino e una mentalità collaborativa può arricchire la vostra esperienza condivisa, promuovendo uno stile di vita sano e attivo per entrambi.

Il Vitellone da Spiaggia

Se hai notato qualcuno che ama essere al centro dell'attenzione, partecipa ai suoi giochi e attività con entusiasmo. Complimentati con lui per le sue abilità e assicurati di includere tutti nel divertimento. Ecco alcuni ulteriori suggerimenti su come approcciarti correttamente:

- **Avvicinati con Entusiasmo:** Mostra interesse per le attività e il divertimento che sta creando. "Ciao! Sembra che vi stiate divertendo un mondo. Posso unirmi a voi?"

- **Complimenti Sinceri:** Fai complimenti sinceri per le sue abilità sportive o per l'organizzazione delle attività. "Sei davvero bravo a beach volley! È fantastico vedere qualcuno così abile."

- **Partecipazione Attiva:** Partecipa attivamente alle attività, mostrando entusiasmo e spirito di squadra. "Mi piace giocare a frisbee! Vuoi fare una partita?"

- **Proponi Nuove Attività:** Suggerisci nuovi giochi o attività che potrebbero piacergli e coinvolgere gli altri. "Che ne dici di organizzare una gara di castelli di sabbia? Potrebbe essere divertente per tutti."

- **Incoraggia la Partecipazione di Tutti:** Assicurati che anche i più timidi o meno esperti si sentano inclusi. "Ehi, chiunque può partecipare! Più siamo, più ci divertiamo!"

- **Offri Supporto:** Se sta organizzando un'attività, offriti di aiutare con la logistica o con il coordinamento. "Hai bisogno di una mano per preparare il campo da gioco?"

- **Mantieni un Ambiente Positivo:** Promuovi un'atmosfera di divertimento e fair play, evitando comportamenti eccessivamente competitivi. "L'importante è divertirsi tutti insieme. Ottimo lavoro a tutti!"

- **Pausa e Rilassamento:** Proponi momenti di pausa per rilassarsi e socializzare all'ombra. "Dopo questa partita, che ne dite di fare una pausa e prendere qualcosa da bere?"

- **Condividi Esperienze:** Racconta aneddoti divertenti o esperienze passate che possano arricchire la conversazione e creare un legame. "Questo mi ricorda una partita epica che abbiamo giocato l'anno scorso. Ti piace partecipare a tornei?"

- **Fai Attenzione alla Sicurezza:** Durante le attività fisiche, assicurati che tutti siano al sicuro e che le regole siano seguite. "Facciamo attenzione a non correre troppo vicino all'acqua, vogliamo che tutti si divertano senza rischi."

Ricorda, avvicinarti al Vitellone da Spiaggia con entusiasmo, rispetto e un atteggiamento inclusivo può rendere la tua esperienza in spiaggia più divertente e memorabile, creando un ambiente accogliente e festoso per tutti.

Il Pesce Fuori d'Acqua

Se hai osservato qualcuno che sembra a disagio in spiaggia, offri supporto e compagnia. Invitalo a unirsi a te per attività tranquille e rispettane il bisogno di spazio e tranquillità. Ecco alcuni ulteriori suggerimenti su come approcciarti correttamente:

- **Avvicinati con Gentilezza:** Inizia con un approccio gentile e amichevole. "Ciao, sembra che tu stia cercando un po' di tranquillità. Ti va di unirti a me per una passeggiata lungo la riva?"

- **Rispetta i Segnali:** Osserva il linguaggio del corpo e rispetta i segnali di bisogno di spazio e tranquillità. "Se preferisci stare da solo, nessun problema. Sono qui vicino se ti va di fare due chiacchiere."

- **Offri Attività Rilassanti:** Suggerisci attività tranquille che possano aiutarlo a rilassarsi, come la lettura, l'ascolto di musica soft o la raccolta di conchiglie. "Sto per leggere un po' sotto l'ombrellone, vuoi unirti a me?"

- **Chiedi Come Puoi Aiutare:** Domanda se c'è qualcosa che puoi fare per rendere la sua esperienza più piacevole. "C'è qualcosa che posso fare per aiutarti a sentirti più a tuo agio?"

- **Condividi Esperienze di Relax:** Racconta esperienze personali su come ti rilassi in spiaggia e offri suggerimenti. "A me piace molto fare meditazione al suono delle onde, è molto rilassante. Ti interessa provare?"

- **Invita a Pause All'Ombra:** Se noti che il sole è troppo intenso, invitalo a fare una pausa all'ombra. "Sto andando a prendere qualcosa da bere all'ombra, ti va di venire con me?"

- **Proponi Attività Leggere:** Offri attività che non richiedano troppo sforzo o coinvolgimento, come una breve camminata o osservare l'orizzonte. "Che ne dici di fare una breve passeggiata per esplorare la spiaggia?"

- **Fai Attenzione al Comfort:** Porta con te oggetti che possano aumentare il comfort, come un cuscino gonfiabile o una coperta, e offri di condividerli. "Ho un cuscino in più se vuoi usarlo per stare più comodo."

- **Ascolta Attivamente:** Se inizia a parlare dei suoi disagi o preoccupazioni, ascolta attentamente e con empatia, offrendo supporto senza giudizio. "Capisco, a volte la spiaggia può essere un po' caotica. Trovi che ci sia qualcosa in particolare che ti mette a disagio?"

- **Rispetta la Solitudine:** Se esprime il desiderio di restare solo, rispetta la sua scelta. "Va bene, rispetto il tuo bisogno di tranquillità. Se hai bisogno di qualcosa, sono proprio qui vicino."

Ricorda, avvicinarti al Pesce Fuori d'Acqua con gentilezza, rispetto e comprensione può creare un ambiente più accogliente e rilassante per lui, migliorando la sua esperienza in spiaggia.

Conclusione

L'appendice di questo libro offre strumenti preziosi per interpretare i risultati dei test e migliorare le tue interazioni sociali in spiaggia. Utilizzando queste chiavi di lettura, potrai comprendere meglio te stesso e gli altri, arricchendo la tua esperienza al mare e creando relazioni più significative e armoniose.

Riflessioni Finali

La spiaggia è molto più di un semplice luogo di relax: è un microcosmo sociale dove possiamo osservare una varietà di comportamenti umani e interagire con persone di ogni tipo. Questo libro ti ha fornito una guida per riconoscere diversi profili comportamentali e interpretare il linguaggio del corpo, offrendoti gli strumenti necessari per migliorare la qualità delle tue interazioni. Che tu sia un lettore solitario, un party animal o un cultore del benessere, c'è sempre un modo per arricchire la tua esperienza in spiaggia e trarre il massimo da ogni incontro.

Importanza della Comprensione Sociale

Comprendere meglio te stesso e gli altri è la chiave per vivere esperienze più appaganti e relazioni più profonde. La capacità di riconoscere i bisogni e le preferenze altrui, rispettandoli e adattandoti di conseguenza, ti permette di creare un ambiente armonioso e inclusivo. Le competenze acquisite attraverso questo libro ti aiuteranno non solo in spiaggia, ma anche nella vita quotidiana, migliorando la tua comunicazione e la tua empatia in ogni contesto sociale.

Invito alla Condivisione delle Esperienze

Ora che hai acquisito nuove conoscenze e strumenti, ti invito a mettere in pratica ciò che hai imparato. Osserva, interagisci e sperimenta con consapevolezza, godendo di ogni momento trascorso in spiaggia. Condividi le tue esperienze con gli altri, racconta le storie che hai vissuto e ascolta quelle degli altri. Questa condivisione non solo arricchirà la tua esperienza personale, ma contribuirà a creare una comunità più coesa e comprensiva.